全面无烟立法执法
指 南

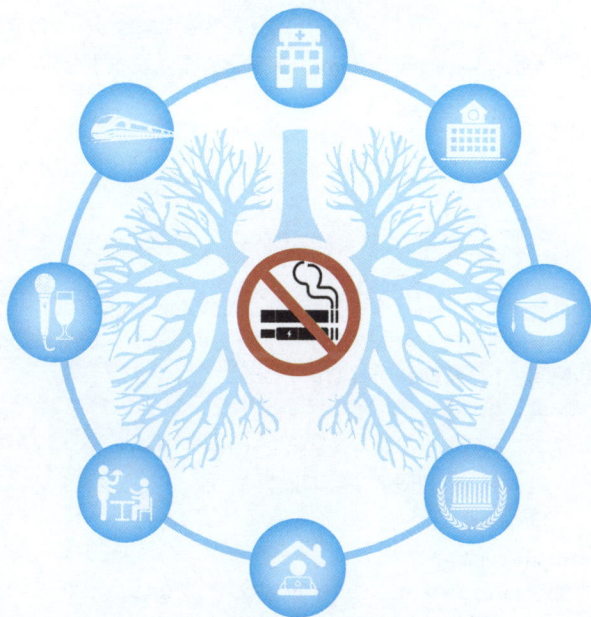

中国疾病预防控制中心 组织编写

肖 琳 杨 杰 主 编

人民卫生出版社
·北 京·

图书在版编目（CIP）数据

全面无烟立法执法指南 / 中国疾病预防控制中心组织编写；肖琳，杨杰主编. -- 北京 ：人民卫生出版社，2025. 6. -- ISBN 978-7-117-38237-3

I. D922.164

中国国家版本馆 CIP 数据核字第 20253RG283 号

人卫智网	www.ipmph.com	医学教育、学术、考试、健康，购书智慧智能综合服务平台
人卫官网	www.pmph.com	人卫官方资讯发布平台

全面无烟立法执法指南
Quanmian Wuyan Lifa Zhifa Zhinan

组织编写：中国疾病预防控制中心
主　　编：肖　琳　杨　杰
出版发行：人民卫生出版社（中继线 010-59780011）
地　　址：北京市朝阳区潘家园南里 19 号
邮　　编：100021
E - mail：pmph @ pmph.com
购书热线：010-59787592　010-59787584　010-65264830
印　　刷：北京盛通印刷股份有限公司
经　　销：新华书店
开　　本：889×1194　1/32　　印张：8.5
字　　数：176 千字
版　　次：2025 年 6 月第 1 版
印　　次：2025 年 6 月第 1 次印刷
标准书号：ISBN 978-7-117-38237-3
定　　价：79.00 元

打击盗版举报电话：010-59787491　E-mail：WQ @ pmph.com
质量问题联系电话：010-59787234　E-mail：zhiliang @ pmph.com
数字融合服务电话：4001118166　E-mail：zengzhi @ pmph.com

《全面无烟立法执法指南》
编委会

主　编　肖　琳　杨　杰

编　者　(以姓氏笔画为序)

于秀艳　中国政法大学卫生法研究中心

万丽萍　兰州市疾病预防控制中心

王　岚　秦皇岛市疾病预防控制中心

王　岭　深圳市卫生健康委(控烟办)

王本进　北京市卫生监督所

卢文龙　深圳市慢性病防治中心

乐坤蕾　上海市健康促进中心

冯薇薇　中国疾病预防控制中心

邹兰花　新探健康发展研究中心

张建枢　北京市控制吸烟协会

陈　德　上海市健康促进中心

林丽珊　深圳市卫生健康委(控烟办)

南　奕　中国疾病预防控制中心

俞　锋　杭州市疾病预防控制中心

施秀莲　中国疾病预防控制中心

谢　莉　中国疾病预防控制中心

熙　子　中国疾病预防控制中心

熊静帆　深圳市慢性病防治中心

前　言

　　吸烟和二手烟是人类健康的致命杀手。我国是世界上最大的烟草生产国和消费国,也是最大的烟草受害国。中国每年超过 100 万人死于因吸烟和二手烟暴露导致的相关疾病。为有效遏制烟草流行,中国政府于 2003 年 11 月签署了世界卫生组织《烟草控制框架公约》(下文简称《公约》)。经全国人大常委会批准,2006 年 1 月,《公约》在我国生效。《公约》第八条要求:"每一缔约方应采取和实行有效的立法等措施,以防止在室内工作场所、公共交通工具、室内公共场所,适当时,包括其他公共场所接触烟草烟雾"。时至今日,《公约》在中国生效已近二十年。积极履行《公约》是中国履行大国义务以及参与全球健康发展的重要举措。

　　出台全面无烟法律法规并有效实施,已是社会共识。2013年 12 月,中共中央办公厅和国务院办公厅下发《关于领导干部带头在公共场所禁烟有关事项的通知》,要求各级领导干部充分认识带头在公共场所禁烟的重要意义,遵守公共场所禁烟规定,自觉维护党政机关和领导干部形象。2016年发布的《国民经济和社会发展第十三个五年规划纲要》提出"应大力推进公共场所禁烟"。2019年国务院印发《健康中国行动（2019—2030年）》，将控烟行动作为15个专项行动之一，明确要求"到2022年和2030年，15岁以上人群吸烟率分别低于24.5%和20%；全面无烟法规保护的人口比例分别达到30%及以上和80%及以上"。国家逐步推进全面无烟立法的战略布局已然形成。

截至2024年底，我国已有30多个城市制定了"全面无烟法规"，保护公众免受二手烟危害。不仅有北京、上海、深圳这样的国际大都市，也有杭州、武汉、西安、兰州等省会城市，更有秦皇岛、张家口等中小型城市。在《健康中国行动（2019—2030年）》的指引下，越来越多的省市加入全面无烟的行列中，竞相制定和实施地方全面无烟法规，提升城市形象，保护公众健康，推动健康城市的可持续发展。

《"健康中国2030"规划纲要》指出，"健康是促进人的全面发展的必然要求，是经济社会发展的基础条件。实现国民健康长寿，是国家富强、民族振兴的重要标志，也是全国各族人民的共同愿望。"推行全面无烟立法，保护人们免受二手烟危害，营造鼓励吸烟者戒烟的社会氛围，势必成为健康中国建设的必然要求。

鉴于此，中国疾病预防控制中心控烟办公室组织相关领域专家编写了《全面无烟立法执法指南》，希望帮助地方无烟立法执法工作者更好地把握全面无烟立法核心要点、明确立法环节和工作重点、开展科学调研论证，最终推动出台符合"全面无烟法规"要求的地方性法规并有效实施。

本指南按照时间顺序,将整个无烟立法执法过程划分为五个阶段:全面无烟立法的社会支持、全面无烟立法的前期准备、全面无烟法律文本的起草到通过、全面无烟立法的颁布到生效、持续开展控烟执法。每个部分详细介绍了本阶段需要开展的工作、可以使用的资源以及需要关注的重点。指南在各个阶段提供了先行城市的最佳实践案例,供各省市参考使用。

本书在编写的过程中,得到了控烟立法先行城市、世界卫生组织驻华代表处、卫健策略(美国)济南代表处、无烟草青少年行动基金(美国)北京代表处等单位的有关专家的技术支持,致以衷心的感谢!

该指南内容可能存在欠妥之处,请给予批评指正。期望更多的省市一起践行全面无烟,建设健康中国!

肖 琳 杨 杰

2025 年 3 月

目 录

第一阶段　全面无烟立法的社会支持

第二阶段　全面无烟立法的前期准备

第三阶段　全面无烟立法文本的起草到通过

第四阶段　全面无烟法规的颁布到生效

附　件

第一阶段

全面无烟立法的社会支持

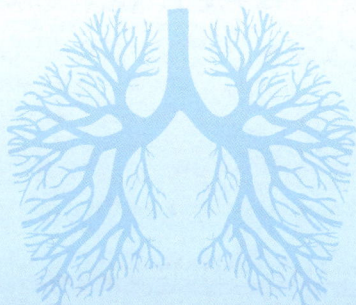

出台一部全面无烟法律法规是实现《"健康中国 2030"规划纲要》控烟目标的保障。是现行法律法规和政策提出的一项目标任务,也是当前重大活动契机之下的一个硬性要求。全面无烟立法推动者应充分利用现有法律法规、政策和重大活动等依据,推动制定一部全面无烟法律法规。同时,需要调查和研究获得无烟立法的科学依据,通过有效的沟通和协调使立法相关部门达成共识,建设无烟环境,为出台全面无烟立法提供依据,通过媒体宣传和倡导,营造全社会支持全面无烟立法的良好氛围。

一、梳理相关法律法规和政策要求

　　全面无烟立法是现行法律法规和政策提出的一项目标任务,也是当前重大活动契机之下的一个硬性要求。无烟立法推动者应充分利用现有法律法规、政策和重大活动等依据,推动制定一部全面无烟法律法规。

(一) 现行法律法规

1. 世界卫生组织《公约》及其实施准则

　　世界卫生组织《公约》是由世界卫生组织主持制定的全球第一部具有法律约束力的公共卫生国际公约,是国际控烟史上的一个里程碑。2003 年 5 月 21 日,该《公约》在第 56 届世界卫生大会提交审议,得到 192 个成员国一致通过。2005 年 2 月 27日,《公约》正式生效。它重申所有人民享有最高健康水平的权利,包含了一系列减少烟草需求和供应的条款,意在呼吁所有国家开展尽可能广泛的国际合作,控制烟草的广泛流行。

　　2003 年 11 月 10 日,中国成为第 77 个签署《公约》的国家。2005 年 8 月 28 日,第十届全国人大第十七次会议批准了《公约》,并于 2006 年 1 月 9 日正式在我国生效。这意味着中国做出了国际承诺并承担起履行《公约》的义务,中央和地方政府在制定相关法律法规时应充分遵循《公约》规定。

《公约》第八条明确规定"每一缔约方应在国家法律规定的现有国家管辖范围内采取和实行,并在其他司法管辖权限内积极促进采取和实行有效的立法、实施、行政和/或其他措施,以防止在室内工作场所、公共交通工具、室内公共场所,适当时,包括其他公共场所接触烟草烟雾"。

为了协助缔约方按照第八条履行义务,《公约》第八条实施准则提出了具体措施和原则要点。强调"必须立法以防止公众接触烟草烟雾。自愿的无烟政策一再表明是无效的,不能提供适当保护。法律要想行之有效,应当简单、明了,便于执行"。

2.《中华人民共和国基本医疗卫生与健康促进法》

2020 年 6 月 1 日,《中华人民共和国基本医疗卫生与健康促进法》正式实施。作为我国卫生健康领域"牵头管总"的一部上位法,第七十八条规定"国家采取措施,减少吸烟对公民健康的危害。公共场所控制吸烟,强化监督执法。烟草制品包装应当印制带有说明吸烟危害的警示。禁止向未成年人出售烟酒"。

3.《中华人民共和国广告法》

《中华人民共和国广告法》于 2015 年修订,2018、2021 年修正实施,实现全面禁止烟草广告。其中第二十二条规定"禁止在大众传播媒介或者公共场所、公共交通工具、户外发布烟草广告。禁止向未成年人发送任何形式的烟草广告。禁止利用其他商品或者服务的广告、公益广告,宣传烟草制品名称、商标、包装、装潢以及类似内容。烟草制品生产者或者销售者发布的迁址、更名、招聘等启事中,不得含有烟草制品名称、商标、包装、装潢以及类似内容"。

2023 年 5 月 1 日实施的《互联网广告管理办法》中第六条进一步规定"禁止利用互联网发布烟草(含电子烟)广告"。

4.《中华人民共和国慈善法》

2016 年通过,2023 年修正并于 2024 年 9 月 5 日实施。《中华人民共和国慈善法》第四十条规定"任何组织和个人不得利用慈善捐赠违反法律规定宣传烟草制品,不得利用慈善捐赠以任何方式宣传法律禁止宣传的产品和事项"。

5.《公共场所卫生管理条例实施细则》

该细则于 2011 年出台,2016、2017 年修正实施。第十八条规定"室内公共场所禁止吸烟。公共场所经营者应当设置醒目的禁止吸烟警语和标志。室外公共场所设置的吸烟区不得位于行人必经的通道上。公共场所不得设置自动售烟机。公共场所经营者应当开展吸烟危害健康的宣传,并配备专(兼)职人员对吸烟者进行劝阻"。

(二) 现行政策要求

1.《"健康中国 2030"规划纲要》

2016 年 10 月,中共中央、国务院印发了《"健康中国 2030"规划纲要》,要求应用法律等手段提高控烟成效,推进公共场所控烟工作,逐步实现室内公共场所全面禁烟。

2.《健康中国行动(2019—2030 年)》

为有效落实《"健康中国 2030"规划纲要》,2019 年 7 月,国务院印发《关于实施健康中国行动的意见》,国家卫生健康委会同有关部门制定印发《健康中国行动(2019—2030 年)》,强调坚持预防为主,倡导健康文明生活方式,预防控制重大疾病。

控烟是健康中国建设的重要组成部分,控烟行动是 15 个专项行动的第四项,明确提出目标"到 2022 年和 2030 年,15 岁以上人群吸烟率分别低于 24.5% 和 20%;全面无烟法规保护的人口比例分别达到 30% 及以上和 80% 及以上"。控烟行动特别说明,全面无烟法规保护的人口是指受全面无烟立法保护,避免在室内公共场所、室内工作场所和公共交通工具遭受烟草烟雾危害的人群数量。

自国家发布《健康中国行动(2019—2030 年)》之后,各省、自治区和直辖市也陆续发布了地方健康行动计划,向国家设定的目标和行动方针看齐。有的省市设定的吸烟率目标甚至高于国家目标,例如《健康上海行动》中明确"到 2022 年和 2030 年,成人吸烟率下降到 20% 以下和 18% 以下"。

3. 中共中央办公厅、国务院办公厅《关于领导干部带头在公共场所禁烟有关事项的通知》

2013 年 12 月,中共中央办公厅、国务院办公厅发布《关于领导干部带头在公共场所禁烟有关事项的通知》,要求各级领导干部带头发挥表率作用,不在公共场所吸烟。

4. 电子烟相关政策

2018 年,国家烟草局、市场监管总局发布《关于禁止向未成年人出售电子烟的通告》。2019 年,国家烟草局、市场监管总局发布《关于进一步保护未成年人免受电子烟侵害的通告》,禁止互联网销售电子烟,并要求撤回通过互联网发布的电子烟广告。

2021年11月,国务院修改《中华人民共和国烟草专卖法实施条例》,新增"电子烟等新型烟草制品参照本条例卷烟的有关规定执行"。2022年5月1日,《电子烟管理办法》实施,禁止销售除烟草口味外的调味电子烟和可自行添加雾化物的电子烟。2022年10月1日起实施电子烟强制性国家标准。随着一系列电子烟相关政策的出台,地方纷纷将电子烟纳入公共场所禁烟范围。

5. 青少年控烟相关政策

2019年11月,国家卫生健康委等八部门联合发布《关于进一步加强青少年控烟工作的通知》,强调要"强化宣传引导、加强无烟中小学校建设、严厉查处违法向未成年人销售烟草制品、加大对违法烟草广告的打击力度、加强影视作品中吸烟镜头的审查,以及全面开展电子烟危害宣传和规范管理"。

2021年6月新修订的《中华人民共和国未成年人保护法》实施,明确规定,"学校、幼儿园周边不得设置烟的销售网点。禁止向未成年人销售烟。经营者应当在显著位置设置不向未成年人销售烟的标志;对难以判明是否是未成年人的,应当要求其出示身份证件。任何人不得在学校、幼儿园和其他未成年人集中活动的公共场所吸烟、饮酒。"为了政策有效落地实施,地方在控烟立法中逐步细化要求,如北京市提出"学校、幼儿园周边100米不得设置烟的销售网点"。

(三) 重大活动契机

1. 举办大型活动赛事

随着中国在国际舞台扮演着越来越重要的角色,越来越多的国际活动、会议、赛事等在中国举办,这也是向世界展示中国城市国际化及健康形象的重要时机。按照国际大型活动赛事要求,全程禁烟是基本要求。如:北京以举办 2008 年奥运会为契机,早在 2004 年便承诺将此次奥运会打造为无烟奥运会。2006年 9 月,北京奥组委发布了《北京 2008 无烟奥运工作方案(草案)》,并于 2008 年 3 月正式颁布了《北京市公共场所禁止吸烟范围若干规定》。同年 5 月,又发布了《关于奥运场馆落实无烟奥运政策的实施意见的通知》。随后,卫生部和世界卫生组织投入专项经费,并通过多部门协作,培训了大量奥运工作人员、志愿者、卫生监督员和禁烟检查员,为控烟工作提供了人力保障。同时,利用电视、网络、广播、户外媒体等多种渠道进行全方位宣传。2008 年,北京成功实现了无烟奥运目标,全市范围内杜绝了烟草广告和促销活动,奥运相关区域全面实现无烟,观众亦严格遵守相关规定。无烟奥运获得国际社会高度评价,世界卫生组织称赞其为中国遏制烟草流行的转折点。

后来,武汉、张家口、杭州也抓住举办“世界军人运动会”“冬季奥运会”“亚运会”的机会,分别出台了符合“全面无烟法规”要求的《武汉市控制吸烟条例》《张家口市公共场所控制吸烟条例》《杭州市公共场所控制吸烟条例》。这些城市经验表明,抓住举办大型国际活动的机遇,推动“全面无烟法规”出台,有事半功倍的效果。

2. 全国文明城市和健康城市创建

全国文明城市是反映中国大陆城市整体文明水平的最高荣誉称号,因此获得了全国各省市的积极支持与参与。为了更好地推动文明城市创建,越来越多城市出台了地方文明行为条例。在公共场所吸烟,不仅是一种不文明行为,还危害他人健康,也事关一个城市的文明形象。将不在公共场所吸烟等内容纳入文明条例范畴,已形成广泛共识。因此,城市在制定文明条例的过程中,明确"室内公共场所、室内工作场所和公共交通工具内全面禁烟",同时有对违法吸烟场所和个人的处罚规定,以确保法规有效实施。各地应抓住文明城市创建和制定文明行为条例的机会,推动公共场所全面禁烟。

一个国际化且健康的城市,也应该是无烟城市。全面无烟立法是成本效益最高、最为迅速且影响力最大的一项健康举措。

2016 年 11 月,世界卫生组织联合中国政府在上海举办第九届全球健康促进大会。与会期间,全球 100 多个城市的市长共同发布了《健康城市上海共识》。该共识充分认识到健康与城市可持续发展相辅相成、密不可分,并承诺坚定不移推进二者共同发展。共识中提出了健康城市十大优先行动领域,其中就包括建立无烟环境——通过立法保证室内公共场所和公共交通工具全面无烟,并在城市中禁止各种形式的烟草广告、促销和赞助。按照世界卫生组织要求,要办成一届无烟的大会,借此时机,上海市对《上海市公共场所控制吸烟条例》进行修订,明确规定"室内公共场所、室内工作场所和公共交通工具内全面禁烟"。

二、获取无烟立法科学依据

　　控烟是一项基于证据的工作。为了使立法动议更有说服力,需要开展相关信息的搜集整理和专题调查等,为立法的必要性、紧迫性和可行性提供科学数据及客观证据。

(一) 搜集整理现有资料

1. 烟草危害及二手烟危害事实

　　全面无烟立法的提出首先是基于烟草及二手烟危害的事实,立法的最终目的是保护非吸烟者免受二手烟的危害,并通过公共场所禁烟等促使吸烟者戒烟。自 20 世纪初人们意识到烟草危害健康以来,国际国内研究文献积累了大量烟草危害及二手烟危害的证据。《公约》第八条阐明"各缔约方承认科学已明确证实接触烟草烟雾会造成死亡、疾病和功能丧失"。2012 年,卫生部发布《中国吸烟危害健康报告》,以大量国内外研究证据阐述了吸烟和二手烟危害。2021 年,国家卫生健康委发布《中国吸烟危害健康报告(2020 版)》,充分考虑了烟草烟雾危害的研究进展,并与时俱进地增加了电子烟危害的版块。

　　2016 年 8 月 19 日,习近平总书记在全国卫生与健康大会上指出:"要把人民健康放在优先发展的战略地位,以普及健康生活、优化健康服务、完善健康保障、建设健康环境、发展健康产业为重点,加快推进健康中国建设,努力全方位、全周期保障人民健康,为实现'两个一百年'奋斗目标、实现中华民族伟大复兴的中国梦打下坚实健康基础。"

全面无烟立法正是基于烟草烟雾危害的事实,通过立法实现公共场所全面禁烟,以保护公众身心健康。

2. 烟草流行数据

自 1984 年开展第一次全国烟草流行专项调查以来,我国陆续开展了多次成人烟草流行调查、大学生烟草流行调查、中学生烟草流行调查等。这些调查结果中的吸烟率、室内公共场所二手烟暴露率、室内工作场所二手烟暴露率、对烟草危害的知晓度等数据能反映无烟立法的必要性和紧迫性。各地在推动无烟立法过程中,要学会运用这些数据。

数据显示,当前和未来一个时期,我国烟草控制面临的形势依然十分严峻。吸烟者人数众多,2024 年 15 岁及以上人群吸烟率为 23.2%,相较于 2018 年的 26.6% 有所下降,但与"健康中国 2030"目标存在较大差距,公共场所二手烟暴露现象仍较为普遍。

3. 国际国内无烟立法进展

截至 2020 年底,全球有近 90% 的国家颁布了国家级控烟法规。截至 2022 年底,有 77 个国家实施了全面无烟立法,约占所有国家的 40%。有 21 亿人受到全面无烟立法保护,占全球人口的 26%。

截至 2024 年 12 月 31 日,我国出台地方性的控烟相关法规

398 部。其中专门控烟法规 36 部,爱国卫生法规 81 部,文明行为法规 272 部,其他 9 部。24 个省份出台了省级控烟相关法规,273 个城市出台了市级控烟相关法规。有近 30 个城市实施了全面无烟立法,"全面无烟法规"保护人口比例已接近 20%。

4. 本地无烟立法现状

通过查阅资料,了解当地是否有控烟相关法律法规。如果有,比较现有的无烟立法与全面无烟立法(即《公约》第八条及其实施准则的要求)的差距;掌握现有法规施行以来的执行情况,分析相关法律法规没有有效实施的原因,例如执法机制、协调机构、执法主体、罚款金额方面的问题等。

5. 现有控烟工作基础

为指导缔约方更好地履行《公约》,2008 年,世界卫生组织提供了 MPOWER 控烟策略(Monitor:监测烟草使用和预防政策;Protect:保护人们免受烟草烟雾危害;Offer:提供戒烟帮助;Warn:警示烟草危害;Enforce:禁止烟草广告、促销和赞助;Raise:提高烟草税和烟草制品价格)。制定了《防止接触烟草烟雾准则》和《建设无烟城市指南》等指导性文件。全面无烟立法工作的初衷是保护人们免受烟草烟雾危害,但同时也是多项策略的综合。根据先行地方实践经验,出台并实施全面无烟法规,是对地方控烟工作的一个整体提升。全面无烟立法工作不是从 0 直接跳到目标 100,而是在现有各项控烟工作的基础上进行提升。因此,在全面无烟立法过程中,梳理无烟环境建设(无烟党政机关、无烟医院、无烟学校、无烟餐厅等)、戒烟服务、控烟宣传倡导等工作进展,都有利于为全面无烟立法树立信心并为下一步有效实施奠定基础。

(二) 开展专题调查研究

在全面无烟立法过程中,地方还可以开展专题调查工作,用本地数据说明控烟立法的重要性和紧迫性,证明"全面无烟法规"具备广泛的社会支持度。可以开展的调查如下。

1. 开展室内公共场所 $PM_{2.5}$ 值检测

选取当地有代表性的室内公共场所,如大中小型餐厅、写字楼、政府办公楼、医院等,安排调查人员持 $PM_{2.5}$ 值测量仪器,选取室外空气质量较好的时间段,记录室内公共场所的 $PM_{2.5}$ 值,测量 $PM_{2.5}$ 值需要注意选取合适时段,例如测量餐厅时需要选取就餐高峰时段,测量医院时需要选取医院工作时段等。如果室内有人吸烟,$PM_{2.5}$ 值会明显升高,甚至高于安全值数倍的事实,说明不禁止吸烟的危害后果以及通过立法实行室内全面无烟的必要性。

2. 开展公众对于二手烟危害知晓率、二手烟暴露率、对室内全面禁烟的支持度的调查

为保证调查结果的代表性,可利用多阶段分层随机抽样的抽样方法,通过随机拦截调查+计算机辅助电话调查(Computer-Assisted Telephone Interview,CATI)+抽样社区入户调查的调查方式,询问二手烟带来的具体健康危害、在何时何地暴露于二手烟、是否支持室内公共场所全面禁烟等问题,用以说明本地公众二手烟危害的知晓情况、二手烟暴露情况以及对室内公共场所全面禁烟的支持情况。

专题调查可聘请第三方调查机构,在对其进行相关知识的培训后开展。调查完成后,对调查数据进行分析,总结核心要点,结合媒体倡导活动、本地无烟立法相关调研结果、立法计划进展,通过媒体向公众公布。

三、达成关键部门控烟共识

（一）无烟立法关键部门

无烟立法需要推动控烟机构、科研机构、政府决策部门、执行部门等各界共同努力、共同推进（表 1-1）。

表 1-1　无烟立法有关人员层级分类及了解控烟知识途径

分类	可能包含的人员	了解控烟基本知识的途径
执行层	卫生健康委主管领导、法规处和爱卫处（规信处等）领导及有关工作人员等；司法厅（局）立法处及人大教科文卫及法工委领导及有关工作人员等；文明办有关人员等	参加国家和国际会议或培训，高层互访交流，参加控烟活动（例如"5·31"无烟日活动）等
决策层	政府主要领导、人大主要领导及人大教科文卫和法工委主要领导、全国人大常委会常委、司法局有关领导等	参加国家和国际会议或培训，高层互访交流，参加控烟活动（例如"5·31"无烟日活动）。执行层与领导沟通和交流等
推动层	疾控中心（健康教育中心）项目负责人、主任等；卫生健康委有关人员；人大代表和政协委员；当地卫生健康、法律等方面的专家	学习《公约》，了解吸烟和二手烟危害，参加烟草流行调研，参加国际国内组织的培训和会议，学习立法基本知识等
支持层	媒体；政协委员和人大代表；卫生专家；法学专家等	组织专题培训，参加活动等

在以上每一个层面，通过学习和调研等，了解和支持全面无烟立法，是完成全面无烟立法的基础。

（二）沟通信息的几种方式

1. 高层互访，加强交流，使决策层认识到控烟的重要性。例如邀请支持控烟的高层领导（如世界卫生组织领导、全国人大及全国政协的相关领导、国家卫生健康委领导等）与决策层领导共同参加高级别会议，或面对面交流、研讨。确保无烟立法被作为重点工作列入优先议题。

2. 邀请不同层级的立法相关人员，通过参加国际控烟会议（例如世界烟草或健康大会、亚太区控烟大会、博鳌全球健康论坛等）或实地考察控烟先进国家或地区的最佳实践，学习全球经验，认识无烟立法的必要性。

3. 组织召开经验交流会、无烟立法工作会、多主题的实用专题培训、省市之间的互访调研等交流活动，了解国内外最新控烟进展及专业技术，提高关键部门人员对控烟和无烟立法的认识和支持。

四、巩固无烟环境建设基础

无烟环境建设与无烟立法都是为了保护公众免受烟草烟雾危害。在立法前建设无烟环境有利于推动法规出台，在立法后建设无烟环境有利于法规实施。2006年《公约》生效后，在国家重大公共卫生服务项目（后为基本公共卫生服务项目）的支持下，全国积极开展各类场所无烟环境建设。2019年健康中国行动实施之后，国家卫生健康委联合多部门，重点推进无烟党政机关、无烟医疗卫生机构、无烟学校、无烟家庭等系列无烟环境建设，为全面无烟立法营造了良好的基础环境。

（一）无烟党政机关建设

2020年，国家卫生健康委联合中央文明办、全国爱卫办发文，要求加强无烟党政机关建设。中国疾病预防控制中心控烟办公室作为技术支持单位，编写了《无烟党政机关建设指南》，设计制作了一套宣传材料（包括海报、折页、展板等），并录制了一套标准课件，指导地方建设无烟党政机关。

（二）其他场所无烟环境创建

除无烟党政机关建设以外，还可以开展无烟医疗卫生机构、无烟学校、无烟企业和无烟家庭的建设,以增加公众对室内全面禁烟的支持度。

1. 无烟医疗机构建设

2008 年,卫生部、全国爱卫办印发了《无烟医疗卫生机构标准(试行)》。2009 年 5 月,卫生部、国家中医药管理局、总后勤部卫生部和武警部队后勤部联合印发了《关于 2011 年起全国医疗卫生系统全面禁烟的决定》,要求全国医疗卫生系统开展创建无烟医疗卫生系统工作。2014 年,国家卫生计生委办公厅下发《关于进一步加强控烟履约工作的通知》及《无烟国家卫生计生委机关管理规定》,要求按照《无烟卫生计生机构标准》及其评分标准建成无烟医疗机构。2020 年,国家卫生健康委、国家中医药管理局联合印发了《关于进一步加强无烟医疗卫生机构建设工作的通知》,要求按照《医疗卫生机构建设指南》全面建成无烟医疗机构。

2. 无烟学校建设

2010 年,教育部联合卫生部出台了《关于进一步加强学校控烟工作的意见》,要求按照《无烟学校标准》创建无烟学校。2014 年,教育部下发了《教育部关于在全国各级各类学校禁烟有关事项的通知》对学校控烟工作再次提出要求。2020 年,《国家卫生健康委 教育部关于进一步加强无烟学校建设工作的通知》明确要求全面建成无烟学校。

3. 无烟家庭建设

2019 年,《健康中国行动(2019—2030 年)》控烟行动提出创建无烟家庭,劝导家庭成员不吸烟或主动戒烟,教育未成年人不吸烟,让家人免受二手烟危害。2020 年,国家卫生健康委、全国妇联、中国计生协联合发布《关于倡导无烟家庭建设的通知》,倡导开展无烟家庭建设,并明确了无烟家庭建设的基本要求。

4. 无烟企业建设

2012 年 8 月,中国卫生部和美国卫生与公众服务部就建立中美无烟工作场所伙伴关系发表联合声明。同年 9 月,中美创建无烟工作场所伙伴项目正式启动,通过该项目,制作了无烟工作场所建设指南等一系列工具,为无烟企业建设提供支持。

五、营造全社会支持无烟氛围

从无烟列入立法计划到立法的起草、审议、通过和生效,媒体宣传工作都起着不可或缺的作用。策划和开展有针对性的传播活动,更好地宣传烟草危害、推动无烟立法进程、普及立法规范、监督立法实施,为控烟营造有利的社会氛围,是媒体宣传工作的主要内容,也是需要被纳入立法工作通盘考虑的重要组成部分。

持续、有效的媒体宣传工作的准备要素:负责宣传和传播的人员——参与整个无烟立法进程、具备宣传经验和活动策划及执行的能力;预算和资源——专门用于控烟立法宣传;宣传工作方案——贯穿于整个立法进程、指导各阶段工作的宣传方案,内容包括宣传目标、宣传对象、核心信息、具体活动、合作伙伴、职责分工、推广渠道、预算花费和预期效果。

(一)媒体宣传工作的目标和策略

1. 目标　建立广泛的媒体宣传联盟,搭建传播矩阵,开展形式多样的烟草和二手烟危害的宣传教育活动,聚焦公众对控烟议题的关注,引导公众对无烟立法的期待和支持。

2. 策略　建立广泛的媒体宣传联盟,搭建传播矩阵,动员媒体和更多合作伙伴持续关注本地烟草流行现状及无烟立法的进程,提高控烟议题的曝光度,引起政策决策者的重视;整合自有及媒体伙伴的宣传渠道,宣传烟草及二手烟对个人、家庭和社会的具体危害,提高公众认知,引发公众对无烟立法的讨论和期待。

(二)建立媒体宣传联盟

1. 确定无烟立法宣传阵地

在无烟立法的各阶段,既需要主动发布烟草危害相关的传播素材,公开立法过程中的重要进展,也需要听取民意,澄清立法过程中的争议点,并对未来执法过程中的热议话题有所回应,因此需要明确宣传阵地。

可以考虑的宣传阵地如下。

(1)市政府官方网站控烟立法专题页面。

(2)市政府新闻办公室(市委宣传部)或市互联网信息办公室官方媒体。

(3)市卫生健康委官方账号或媒体。

(4)本地主流媒体,如日报、晚报或都市类报纸的版面和社交媒体账号矩阵。

2. 建立广泛的无烟立法媒体宣传联盟

无烟立法的媒体倡导工作不仅需要控烟行政主管部门的参与和努力,也需要各类媒体的积极参与,因此,需要建立广泛的合作联盟。

(1)了解和选择本地区应纳入无烟立法媒体宣传联盟的成

员,包括:宣传工作相关的委办局,例如本地卫生健康委宣传处、市委宣传部、市委网信办、市文明办、市团委等。了解这些部门并向其通报相关控烟信息,有助于尽可能地整合宣传资源,拓宽宣传渠道。

广泛的媒体矩阵,以本地日报、晚报、健康及都市生活类媒体,以及本地社会、生活、健康类社交媒体账号为主,辅以中央媒体、市场化媒体。这样的媒体矩阵有助于快速扩散信息,激发多角度、多维度发声和讨论,营造良好的舆论氛围。

(2)建立媒体的长效沟通机制。对希望纳入媒体宣传联盟的成员单位和媒体伙伴,应逐一联系、拜访,介绍开展控烟立法宣传的原因、可以合作的方式和已有的宣传素材,明确媒体联盟单位的对接人和联系方式,编制汇总无烟立法媒体工作联络表,以便于宣传材料和相关信息的分享。定期分享控烟工作进展,以及更新的宣传材料、典型案例,建立长效沟通机制。

(3)开展媒体宣传联盟的控烟知识培训。为争取更多的宣传资源支持并动员媒体产出专业的控烟报道,应组织控烟知识培训,系统讲解烟草危害、有效的控烟措施、全球控烟现状、本地区烟草流行现状、无烟立法的效益、国内外无烟立法的现状及进展等内容,加深媒体联盟成员对广泛控烟议题和无烟立法的了解。培训中应设置讨论环节,听取媒体联盟成员对控烟宣传工作的建议。培训时间的选择,可考虑与本地无烟立法相关调研结果或立法计划进展的发布相结合,使得培训内容可直接用于新闻报道。也可以考虑在与控烟宣传关联度较高的时间节点,如世界无烟日、烟草危害相关疾病的宣传日、本地健康行动发布的纪念日之前开展培训,通过培训共同策划契合主题的宣传内容,便于联盟伙伴在既定时间统一发声,形成宣传合力。

(三) 围绕核心信息开展形式丰富多样的宣传活动

1. 核心信息的制定和测试

不同的立法阶段有不同的工作目标,相应的媒体宣传工作所针对的受众不同,所传播的核心信息也不同。在开展宣传活动之前,应根据不同阶段的受众特点和传播目标,制定相应的传播核心信息。核心信息的内容通常包括:需要呈现的问题,提出解决的方案和期待达成的效果。一般来说,核心信息的制定需要经过比较严谨的信息测试,但是,如果因条件所限做不到,则至少应找到与受众特征相符的人群做一个简单的询问测试。核心信息应该达到如下效果。

(1) 增强社会和政策决策者对控烟议题的责任感。

(2) 强调政策改变的重要性。

(3) 提高公众对控烟议题的认知度和支持度。

(4) 政策制定方积极回应公众对控烟议题的关切。

需要注意的是,每一个阶段的核心信息应尽量简单、直接、单一,并且通过多样化的内容形式、人物和渠道进行传播,以便达到被公众熟知的目的。

在立法准备阶段,核心信息主要是:室内公共场所禁烟势在必行。

为了更好地阐述核心信息,可以通过介绍烟草及二手烟危害,本市烟草流行及二手烟暴露现状以及无烟立法计划等内容来传递核心信息。

2. 核心信息的传递者

信息传递者必须是专业的、有声望的、能够被信赖的。有时候,信息的传递者可能是多元的,这样能够体现出更广泛的声音,而有时候,信息传递者之间也有可能是互补的。例如,牵头推进无烟立法的卫生行政部门官员可以侧重讲解本市无烟立法工作的初衷、进展和下一步工作计划;本地知名医生和公共卫生专家可以侧重讨论烟草和二手烟带来的健康危害;法学专家可侧重讲解无烟立法的必要性及可行性,探讨无烟立法对公民健康权的平等保护原则等。相关发言人需要对无烟立法的议题有比较深入的了解,确保能够正确引导公众舆论。

3. 核心信息的传播渠道

核心信息制定完成后,需要根据投放的渠道进行适合该渠道受众的润色和加工,所秉承的原则应是,简明、统一、正面、积极。针对核心信息开展的传播活动可以是新闻发布会、评论/社论、电视节目、演讲、媒体圆桌会、线下活动或社交媒体活动、社交媒体图文,乃至广告投放等。

4. 核心信息的传播效果评估

传播核心信息工作启动后,要对整个过程进行监控,确保传播走向符合预期,如环境、形势发生变化及时调整核心信息。活动结束后,还需要做总结和评估,本次活动是否达到了预期目标? 如果未达成,须剖析原因,是在哪个环节上出现的问题? 如何解决? 是否出现了未曾预料的效果,如何影响传播目标? 如果是负面影响,如何克服? 如果是正面影响,是否能发展成新的传播目标?

5. 针对不同受众,制作相应的传播素材,开展烟草和二手烟危害的宣传

(1)根据不同宣传渠道适用的宣传形式,开发相应的传播素材。传播素材的核心信息应包括两点,一是吸烟和二手烟对健康带来的具体危害,二是为什么室内公共场所、工作场所和公共交通工具应全面禁烟。宣传形式包括海报、信息图和不同长短的视频。可考虑的传播渠道包括,自有的宣传阵地(包括医院、社区等)、政府宣传渠道(包括政府社交媒体公众号,公交车站、地铁、机场、火车站、电视广告等)、媒体联盟成员各自的宣传渠道、户外广告、电梯楼宇广告、电影映前广告与贴片广告等。

(2)针对不同的受众制作内容有所侧重的宣传物料。政策决策者:制作控烟立法宣传片,除了讲述烟草和二手烟危害之外,应侧重对比全国其他城市或本省其他城市无烟立法的现状和进展,凸显本地无烟立法的重要性、紧迫性和可行性。宣传片可以在有推动层和决策层参加的、能够影响立法立项和法律出台的重要场合播放。

（四）现有可直接使用或可改编后使用的宣传素材

1. 图文类宣传素材（表1-2）。

表1-2　图文类宣传素材

材料名称	主要内容	版权说明
二手烟、三手烟危害海报	包括二手烟危害海报6张、三手烟危害海报2张，表现二手烟、三手烟对女性、孩子的危害，突出室内禁烟的重要性	免费版权，不需要授权协议，仅须向中国疾控中心控烟办备案使用主体和目的即可获得授权 版权所有：世界卫生组织驻华代表处和无烟草青少年行动基金。原则上不建议修改主体内容和落款。如须修改，须告知版权所有方修改内容并征求同意
烟草危害宣传海报	包括海报10张：以2012年《中国吸烟危害健康报告》为依据，提炼核心信息，宣传吸烟及二手烟危害	免费版权，不需要授权协议，仅须向中国疾控中心控烟办备案使用主体和目的即可获得授权 版权所有：中国疾控中心、中国控制吸烟协会
信息图：空气污染和吸烟产生的$PM_{2.5}$对比图	通过对比吸烟产生的$PM_{2.5}$和不同程度空气污染的$PM_{2.5}$值，说明二手烟的危害，以及室内全面禁烟的必要性	免费版权，不需要授权协议，仅须向中国疾控中心控烟办备案使用主体和目的即可获得授权 版权所有：世界卫生组织驻华代表处。原则上不建议修改主体内容（数据更新除外）和落款。如须修改，须告知版权所有方修改内容并征求同意
信息图：室内公共场所全面禁烟的N个理由	诠释立法的重要性、必要性、可行性	免费版权，不需要授权协议，仅须向中国疾控中心控烟办备案使用主体和目的即可获得授权 版权所有：无烟草青少年行动基金。原则上不建议修改主体内容

2. 视频类宣传素材(表1-3)。

表1-3　视频类宣传素材

材料名称	主要内容	版权说明
《PM$_{2.5}$爆表记》	以孩子视角,拍摄记录不同室内公共场所有人吸烟的PM$_{2.5}$值,强调无烟立法的重要性	免费版权,不需要授权协议,仅须向中国疾控中心控烟办备案使用主体和目的即可获得授权 版权所有:世界卫生组织驻华代表处、无烟草青少年行动基金。主体内容和落款不得修改
《战斗民族都不敢做的事,你却一直在做》	以动画的形式科普烟草和二手烟危害和目前无烟立法在中国的现状	免费版权,不需要授权协议,仅须向中国疾控中心控烟办报备使用主体和目的即可获得授权 版权所有:世界卫生组织驻华代表处和无烟草青少年行动基金。如须修改,须告知版权所有方修改内容并征求同意
视频:"你的权利我的责任"无烟企业家倡议	世界卫生组织总干事携手7位中国知名企业家,呼吁企业家履行责任,创建无烟工作场所	免费版权,不需要授权协议,仅须向中国疾控中心控烟办报备使用主体和目的即可获得授权 版权所有:世界卫生组织驻华代表处和中国疾控中心控烟办公室。如须修改,须告知版权方修改内容并征求同意。原则上不建议修改主体内容和落款

材料名称	主要内容	版权说明
烟草危害广告宣传片	《烟草正吞噬孩子的生命》:改编自纽约的公益广告,描述二手烟对于孩子的具体健康危害,说明无烟环境和无烟立法的重要性; 《烟草正吞噬你的生命》:《烟草正吞噬孩子的生命》的姐妹篇,描述吸烟具体危害,突出无烟环境对帮助戒烟的重要作用; 《儿童篇》:曾在央视播放,阐述二手烟对孩子的危害,核心信息是:吸烟致命,二手烟同样致命,说明无烟立法的重要性; 《无形杀手》系列:曾在央视播放,该系列分别以医院、办公室、餐厅为背景,阐述二手烟导致心脏病的风险,说明无烟立法的重要性; 《无烟餐厅》:以餐厅场景为背景,阐述二手烟和吸烟具体危害,说明室内全面禁烟的必要性; 《临床演示》:该系列以公共场合(包括室外公交站台和餐厅)为背景,通过演示烟草烟雾进入人体、通过血管到达肺部及心脏对人体带来的损害,说明室内全面禁烟对保护公众健康的必要性	免费版权,不需要授权协议,仅须向中国疾控中心控烟办报备使用主体和目的即可获得授权,可以根据需要修改落款单位和调整结尾信息
《烟草受害者》系列广告片	本系列广告片均来自烟草受害者真实个人经历分享(包括北京电视台知名主持人),通过现身说法的形式阐述吸烟或二手烟带来的具体危害,倡导无烟环境建设,推动室内全面禁烟	不需要授权协议,仅须向中国疾控中心控烟办报备使用主体和目的即可获得授权 版权所有:中国疾控中心控烟办公室。如须修改,须告知版权方修改内容并征求同意。原则上不建议修改主体内容和落款。可增加落款单位

3. 手册工具类宣传素材（表1-4）。

表1-4　手册工具类宣传素材

材料名称	主要内容	版权说明
烟草危害相关手册及展板	《吸烟的危害你不能不知道》宣传册及展板：介绍吸烟对身体的具体危害；《烟草伤害心脏》宣传册及海报：介绍烟草对心脑血管健康的危害；《烟草和肺部健康》宣传册及海报：介绍烟草对肺部健康的危害；《二手烟无形杀手》宣传册及展板：介绍二手烟对身体健康的危害	不需要授权协议，仅须向中国疾控中心控烟办报备使用主体和目的即可获得授权版权所有：中国疾控中心控烟办公室。如须修改，须告知版权方修改内容并征求同意。原则上不建议修改主体内容和落款。可增加落款单位
携手灭烟拥抱晴天-无烟环境倡导展板及工具包	通过讲述二手烟、三手烟危害，呈现中国无烟立法现状，展示无烟立法对公众健康的保护	不需要授权协议，仅须向中国疾控中心控烟办报备使用主体和目的即可获得授权版权所有：新探健康发展研究中心。如须修改，须告知版权方修改内容并征求同意。原则上不建议修改主体内容和落款。可增加落款单位
无烟环境倡导宣传册	无烟环境倡导宣传册（宣传烟草危害，倡导无烟立法）	不需要授权协议，仅须向中国疾控中心控烟办报备使用主体和目的即可获得授权版权所有：中国疾控中心控烟办公室、新探健康发展研究中心。如须修改，须告知版权方修改内容并征求同意。原则上不建议修改主体内容和落款。可增加落款单位

4. 案例参考(表1-5)。

表 1-5　宣传素材案例

材料名称	主要内容	版权说明
《严正警告》	北京市出台《北京市控制吸烟条例》过程中,通过演绎在北京市发生的与吸烟有关的新闻事件,向政策决策者系统阐述北京市无烟立法的重要性	版权所有:北京市爱国卫生运动委员会办公室。仅供参考,如须引用其中内容,如须引用视频片段,须告知版权所有方修改内容并征求同意

第二阶段

全面无烟立法的前期准备

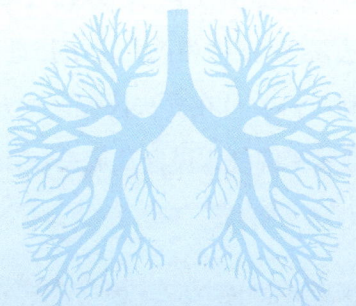

　　作为全面无烟立法的推动者和参与者,需要了解国家和地方立法的程序和需要做的工作。具体包括如何提出立法动议;积极工作,让全面无烟立法尽快进入立法工作计划;如何开展工作,让立法决策者等了解和出台一部全面无烟法规;如何撰写和准备立法可行性报告等。

一、产生立法动议

（一）人大代表、政协委员提出立法提案或建议

人大代表可以通过提出议案、建议、批评和意见等方式，反映人民群众的立法需求，推动相关立法工作进入人大议程。这体现了人大代表和政协委员在立法议程设置方面的主导作用，确保立法工作能够紧密围绕人民群众最关心、最直接、最现实的利益问题展开。

（二）卫生健康部门提出申请

卫生健康部门应时刻关注保障人民健康热点问题，专家学者、协会、学会等积极提出控烟立法建议。积极推动将控烟立法动议列入卫生健康部门重点课题，并使其走出卫生健康部门，纳入城市立法计划。

二、列入立法规划和立法工作计划

根据《中华人民共和国立法法》的规定,在中央层面上,全国人民代表大会和全国人民代表大会常务委员会根据宪法规定行使国家立法权。国务院根据宪法和法律,制定行政法规。国务院各部、委员会、中国人民银行、审计署和具有行政管理职能的直属机构以及法律规定的机构,可以根据法律和国务院的行政法规、决定、命令,在本部门的权限范围内,制定规章。在地方层面上,省、自治区、直辖市和设区的市、自治州的人民代表大会及其常务委员会根据区域协调发展的需要,可以协同制定地方性法规,在本行政区域或者有关区域内实施。省、自治区、直辖市和设区的市、自治州的人民政府,可以根据法律、行政法规和本省、自治区、直辖市的地方性法规,制定规章。

每个立法机构对自己任期内的立法工作都有一个通盘统筹规划即立法规划。因为一届人民代表大会和人民政府的任期是五年,所以也称为"五年立法规划"。他们每一年的立法工作也要制定一个计划即"年度立法工作计划"。大致来说,无论是规划还是计划,都是把立法工作按照目前进程、轻重缓急、条件成熟程度划分为不同层级,例如:(一) 正式项目、(二) 预备项目;或者(一) 审议项目、(二) 预备审议项目、(三) 调研项目;或者

（一）继续审议项目、（二）新增审议项目、（三）调研项目；不一而足。每个项目都标明"名称""起草单位""完成时间"。

地方人大系统地方性法规立法规划、年度立法工作计划通常由常务委员会法制工作机构负责编制，由人大常委会主任会议报常委会审议通过。地方人民政府的规章立法规划和计划则由其法制工作机构（现已并入司法局）编制，由市政府常务会或全体会议审议通过。

制定立法规划和年度立法工作计划的机构，通常会在八、九月份就开始向社会公开征集立法项目建议。立法机关在审议前，也会与有关部门和机构进行协调，例如人大系统、政府系统、司法系统、学术机构、人民团体、相关行业等。审议通过后，向社会公布。

一个立法项目只有被纳入到年度立法工作计划里，才有获得审议的可能性。通常来说，如果项目已经在五年立法规划中，自然会按部就班地进入年度立法工作计划。不在五年立法规划中的项目，也并非没有进入年度立法工作计划的机会。如前所述，每年度的立法工作计划在编制前都会向公众以及部门、机构征求意见，不在五年立法规划中的项目仍然可以调整并纳入年度立法工作计划中。

三、成立控烟立法工作小组

（一）全面无烟立法工作小组的组成

省市人大（教科文卫委、法制委、法工委）、司法局、卫生健康委（法规处、爱卫办）、控烟技术部门、法律专家等，负责起草文本、说明、可行性报告。还需要成立专家咨询组及媒体宣传联盟，组织相关活动。

（二）全面无烟立法工作推进方案

在立法推进的初期，制定具有可操作性的立法推进方案是非常必要的，会更有利于开展下一步控烟立法工作和应对立法过程中遇到的突发问题。

参考立法成功城市的经验，充分了解立法的流程以及立法推进的各阶段需要做的准备工作，对可能遇到的困难和突发事件进行充分的预估，以便从容应对。在推进控烟立法过程中，须格外留意那些对"全面无烟法规"质疑的声音。在立法工作启动之初，就应当做好充分准备，具体包括：全面收集资料，尤其是本地区的相关数据，以此为依据对质疑声音作出有力回应，从而确保最终出台的控烟立法能够符合"全面无烟法规"的要求。

立法推进方案的内容一般包括：立法的总体要求和目标、明确立法需要的几个阶段及各阶段应完成的主要工作(需要细化处理,确保具有针对性和可操作性等),以及各阶段所需的人力、经费和技术支持等。立法推进方案具体体现在如何推进立法进程、开展社会动员和宣传、创建无烟环境、建立工作机制等方面。

根据立法成功城市经验,建议城市立法工作推进方案应包括以下内容。

(1) 如果无烟环境还未列入人大常委会年度立法工作计划,则提案争取列入。

(2) 准备立法支持性资料:如城市烟草流行及危害等基础资料、国内外相关文献和资料、调研报告等。

(3) 撰写控烟立法文本,开展控烟立法调研(包括部门调研和控烟先行城市调研等)。

(4) 无烟环境建设(包括建设无烟党政机关、建设无烟家庭、建设无烟餐厅等)。

(5) 应对质疑全面无烟立法的声音(在立法过程中,会出现很多反对全面无烟立法、全面无烟立法影响当地经济发展等的声音,应提前做好充分准备,包括专家资源、支持数据、成功案例等)。

(6) 应对审议中出现的问题。

四、撰写控烟立法可行性报告

（一）可行性报告模板

控烟立法可行性报告一般应包括控烟立法的必要性和可行性,同时也需要对控烟立法应该包括的几个内容进行解释分析,这几个问题包括:对全面无烟立法的正确理解、普遍保护的意义、对法律如何实施做出明确规定、禁烟场所应尽的法律义务等。具体报告模板见附件一:控烟立法可行性报告(模板)。

（二）部分城市可行性报告样板

部分控烟立法成功城市,例如北京、深圳、上海、兰州、西安、秦皇岛等地的控烟立法可行性报告或说明,可以联系该城市有关人员获得。

五、加强立法合作、获得领导支持

在立法推进和法律实施的过程中，政府和人大作为主要推动者，其作用不可低估。全面无烟立法是一种公共卫生立法，因此，各级卫生行政部门主要领导的支持和积极推动是成功立法和有效实施的基础。作为统筹规划各级政府立法工作的部门，各级政府司法厅（局）（原来的法制办公室）在立法推进过程中可以起到关键协调促进作用。在争取各级政府和人大对全面无烟立法广泛支持的过程中，主要领导的支持往往会起到决定性的作用。立法过程中的突发事件和质疑声音会影响立法决策者对全面无烟立法的决心和信心。因此，在立法相关部门之间建立顺畅的沟通机制就显得非常重要。这种机制可以使推动者有机会充分展示和表达立法的必要性和可行性。同时，也可避免因沟通不畅等原因导致立法者对全面无烟立法的误解。

根据立法成功城市的经验，加强立法合作，使合作者积极支持全面无烟立法工作，以下几种工作方式可以借鉴。

（1）在立法初期得到市委、市政府主要领导的支持。

（2）组织合作者前往全面无烟先行城市考察，学习其先进经验。

（3）邀请法律、公共卫生领域的知名专家与当地立法有关人员交流和沟通,指导地方控烟立法工作。

（4）邀请合作者参加由国家卫生健康委、中国疾病预防控制中心、世界卫生组织主办的控烟论坛及无烟法律的培训班。

（5）鼓励政府官员参与到全面无烟环境建设的工作中,特别是参与无烟党政机关的建设工作,从改变其身边的环境开始,强化全面无烟立法的信心;在政府办公楼开展创建无烟环境的倡导活动,举办工作人员签名支持建设全面无烟环境的征集活动,将会起到很好的动员效果。

（6）制作和改编吸烟有害健康和为什么要立法控烟的宣传片,在能够影响立法立项和法律出台的重要场合播放,能够起到很好的宣传和动员效果。

第三阶段

全面无烟立法文本的起草到通过

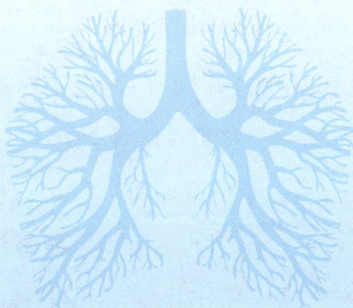

确立立法计划到通过审议,是出台一部全面无烟法规的关键。包括全面无烟立法文本的起草,主要包括 5 个基本原则和 9 个核心要素;了解和实施立法需要经过的程序和步骤;征求意见,包括公开征求意见和考察调研等;引导公众支持全面无烟立法;应对质疑和误解。

一、起草无烟法规文本

（一）全面无烟立法的基本原则

1. 全面保护原则

二手烟能够危害健康、导致疾病，且通风换气不能排除和阻止二手烟。因此，立法能够提供的最低保护，也是唯一有效的保护手段，就是规定在室内公共场所、室内工作场所、公共交通工具内禁止吸烟。意为建立 100% 的无烟环境，而不是场所的一部分区域禁止吸烟，另一部分区域可以吸烟；或者某种类型的场所禁止吸烟，但另外一些类型的场所则可以吸烟。100% 的无烟环境才能保护所有在该场所工作、娱乐或社交的公众都不受二手烟的危害，也保护那里的所有工作人员不受二手烟危害。全面无烟可以避免严肃的立法最后只为一部分人提供保护，或是只保护了公众在一部分场所中不受二手烟危害，又或者是只保护了一部分场所中的工作人员不受二手烟的危害，而仍然使相当一部分场所中的公众和工作人员暴露在已知有害且可预防的二手烟中。

2. 平等保护原则

全面无烟立法应为所有人提供保护，使所有人不受二手烟危害。应对所有人提出同样的要求,不分职位、行业,包括领导的单人办公室也不能例外和豁免。立法保护政府公务员,也同样保护餐馆服务员;保护领导和高管,也保护办事员和保洁员;保护城市居民,也保护农村地区的居民。

3. 公平原则

全面无烟立法应对所有的同类场所做同样要求,而不应有例外和豁免。首先,这样的规定可以为商家提供一个公平竞争的环境。20 世纪 90 年代,某些地方立法规定了多大面积/规模以上的餐馆禁止吸烟,其余的可以吸烟,导致了规模相近餐馆的不公平竞争,也加剧了经营者对收益的担忧。其次,如果为同类场所中的某些场所提供例外和豁免,则意味着为该场所中的工作人员和客户提供了有害的二手烟环境,造成本可避免的危害。

(二) 全面无烟立法的核心要素

在全面无烟立法过程中,起草法律文本应充分考虑立法的实施问题,应以立法能够有效实施为目标,借鉴或采用新的科学证据及研究结果。例如,随着对电子烟危害健康、吸电子烟也会产生二手烟等研究的逐步深入,将电子烟纳入无烟立法监管,在禁止吸烟的地方也应禁止使用电子烟。

整个立法过程中应始终明确并坚守的立法宗旨是,控烟立法工作是在挽救生命,是保护不吸烟者的健康,使其免受二手烟危害。挽救可预防的生命健康受到损失,需要全面无烟立法,以确保室内公共场所、室内工作场所和公共交通工具内全面无烟,保护公众健康。它在条款中可能只表现为几个字,例如"保护公众健康",但是,在整个立法起草、讨论、辩论、论证过程中,牢记立法宗旨,及时应对反面意见和不同声音,需要始终从保护公众健康的角度出发。此外,基于此立法宗旨,应明确全面无烟立法的核心要素,以确保立法内容能准确有效地实现立法目的。具体而言,核心要素包括以下内容。

1. 定义

任何立法都需要对专业术语作出界定。在无烟环境立法中,为便于准确理解,便于公众和场所守法,也便于行政机关监督执法,应根据最新科学证据、立法实践以及《公约》相关规定,对诸如"吸烟""室内""公共场所"等术语作出界定,以使立法达到预防二手烟草烟雾污染的目的。

2. 禁止吸烟的范围

研究表明,二手烟致癌,并且没有安全水平标准,现行的各种使用科技手段的通风、换气设备都不能真正、彻底地阻断烟草烟雾的传播和扩散,因此,室内公共场所、室内工作场所和公共交通工具内全面禁止吸烟,是唯一可行的预防二手烟危害的方法。根据《公约》第八条的规定和《健康中国行动(2019—2030年)》的要求,室内公共场所、室内工作场所、公共交通工具内以及特定的室外场所禁止吸烟。对禁烟场所的规定可以采用概括式和列举式两种方式来明确室内公共场所、室内工作场所和公共交通工具内禁止吸烟。但列举式可能导致所列场所挂一漏万,无法达到全面无烟的目标。因此,建议立法中采用概括性的表述来规定禁止吸烟的范围,即"室内公共场所、室内工作场所、公共交通工具禁止吸烟",以保证人们在室内社交和工作的时候不受二手烟危害,达到全面无烟的要求。

根据科学研究结果,电子烟的烟雾也会存在于禁烟环境之中,导致非吸烟者受到危害,因此禁烟场所也应禁吸电子烟。

3. 保障无烟环境的场所义务、个人义务

立法应对相对人的行为作出规范,在禁烟场所中的个人有不吸烟的义务,场所的经营者和管理者也有建立场所禁止吸烟的制度、义务张贴禁烟标识、不提供烟灰缸(烟具)、不提供附有烟草广告的物品、劝阻制止违法吸烟的义务,从而确保为工作人员及公众提供一个无烟环境。

4. 明确执法主体

立法中应明确执法主体,以便于法规的执行和落实。立法实践中,既有规定众多行政部门对其管辖下的场所进行监督执法,也有规定单一行政部门为主(主要是卫生行政部门)对所有的场所进行监督执法。两种类型,各有利弊,应根据当地情况进行选择。

5. 明确协调机构以及各部门配合

控烟执法实践表明,强有力的协调机构的存在非常必要,能够有效协同控烟相关部门(不仅仅卫生健康主管部门)积极参与控烟执法工作。卫生健康主管部门作为控烟的主管部门责无旁贷,但很难协调平级的其他控烟执法相关部门,即使是规定由卫生健康主管部门一家进行检查执法,也需要其他部门对其管辖下的行业、场所进行指导、检查、督促。而在多部门执法模式下,更需要有机构组织、协调、监督执法部门的工作,这样的工作,由同级卫生行政部门来做,实则勉为其难。因此需要更高级

别的行政部门领导控烟工作,承担控烟执法的协调任务。现行立法中,有的地方规定由爱卫会作为协调机构,有的地方规定由健康促进委员会作为协调机构,也有地方规定由政府联席会议来协调,这也要根据各地情况进行选择。

6. 清晰法律责任,简化执法程序

立法中应有对于违法行为进行惩处的法律责任条款。如果没有法律责任的规定,则违法不需要承担任何责任,如此不仅损害法律的严肃性和权威性,也使法律法规最终难以落实、形同虚设。控烟立法中,对个人违法吸烟、场所未尽法定义务,都应明确规定相应的处罚条款。没有规定处罚的义务,最后都难以实际落实,而不清晰的处罚措施,也会阻碍执法部门落实法规。根据我国《中华人民共和国立法法》和《中华人民共和国行政处罚法》的相关规定,对照控烟工作的实践,处罚种类至少可以包括:警告、罚款和责令停产停业。在全面无烟立法过程中,应充分考虑法规的实施问题,充分参考先行立法地区成功经验、总结其失败教训。

7. 加强媒体和社会力量的参与支持

控烟工作需要靠政府主导,但不能只靠政府,必须让全社会各种力量参与进来。媒体支持是必不可少的,在立法前期、实施准备、落实执行的各个阶段,都应把媒体因素考虑进来,通过媒体宣传烟草危害、控烟必要性,进行普法,让公众充分了解哪些场所不能吸烟及违法吸烟的后果,对典型执法案例进行宣传,扩大执法效果。社会组织、志愿者组织和个人的参与也是使控烟立法得以推动和落实的重要因素。例如对违法吸烟行为的投诉

举报机制、公民对违法吸烟行为的主动劝阻行为等,这些在立法条款中都应有所体现。

8. 体现政府保障职责

提供财政预算,进行业绩考评。政府的高度重视,既是控烟进入立法渠道的前提,也是立法得以实施的保障。因此,应在立法中明确政府为控烟提供财政预算和业绩考评(例如作为文明评比指标)。

9. 确立监测和评估职责

在法规中应明确卫生健康部门、爱卫会对相关禁烟场所的监测和对法规实施的评估职责,以督促相关监督执法部门积极履行法定职责,促进法规的有效实施。

(三) 单一部门及多部门执法模式的优劣势

梳理总结国内外的无烟环境立法案例可以发现,执法机制大致可分为两种模式:单一部门为主执法模式和多部门为主执法模式。

国内部分城市在控烟立法的执法模式上选择了多部门为主联合执法,也有个别城市采取了单一部门为主的控烟执法模式,两种执法模式各有利弊。从整体上来说,单一部门为主执法模式的最大好处是,因为以一个部门为主对所有场所进行执法,不需要动员其他执法部门,基本不会出现因为某一行政部门没有动力执法而导致整个行业违法现象严重的情况。从国内立法情况来看,这一单一行政部门,通常就是现有的卫生行政部门,具体执法工作由卫生监督部门来负责,而不是像香港特别行政区那样专门为控烟建立起一支执法队伍。这也是单一部门为主执法的弊端之一，即执法人员的数量有限。然而，其最大的潜在缺陷是，在公共场所控烟执法中，由于法定的执法部门中行使行政处罚权的只有一家，就很容易造成其他部门认为自己没有控烟工作职责，进而在日常工作中，该项规定也成为这些执法部门对自己管辖范围内的行业、场所进行控烟方面监督管理、宣传培训和监督检查等控烟工作不力或不作为的借口。当然，在法规中明确赋予相关行政部门监督管理的职责，并加强对各行政部门控烟监管职责的考核也可以弥补这一不足。目前，国内采用单一部门为主执法模式的代表城市是北京、长春、秦皇岛等。

相比之下，多部门为主执法模式的设置，恰好可以避免单一部门为主执法模式上述的两个缺陷，即：增加部门和人员参与执法，让各相关行政部门把控烟工作当作是日常工作的一部分。具体由哪些部门来执法，各地可以根据本地场所的管辖归口情况，由现存的执法机构进行控烟执法。因为各相关部门熟悉各自的管辖范围及场所经营情况，在自身管辖范围内场所进行控烟检查、监督、指导，对违法行为进行处罚，相比单一部门到不熟悉的场所进行执法有先天优势。同时，也可以将控烟检查、监督、指导、对违法吸烟行为进行处罚等工作融入本部门的日常检查等工作之中，就会大大降低控烟执法工作额外带来的工作负担，提高执法效率，会起到事半功倍的效果。

但是，从另一方面来看，增加执法部门，从一个部门增至近十个甚至十几个部门，可能成为该模式的缺点。因为参与部门多，有些部门从来没把控烟当作是自己工作的一部分，很可能不积极履行其监管职责,对投诉举报处理和对违法行为的执法也有所懈怠,从而可能导致某一领域或行业的场所违法吸烟现象严重,也为其他部门的控烟工作开展带来负面影响,甚至导致整个城市的控烟工作处于停滞状态。此外,多部门之间的监管范围和执法边界不清,也可能导致执法重叠、多头管理的问题。因此,设立行政级别高、协调能力强的控烟工作协调机制就显得尤为重要,只有这样才能做好监督、沟通、协调等工作,使所有的控烟监管部门都积极主动参与控烟执法工作。再有,控烟工作是卫生健康主管部门的本职工作,这也决定了卫生健康部门对控烟工作相对更加积极主动,但是,由于它与其他行政部门同级,即使法定由它主管、组织、协调,现实中协调工作也存在困难。因此,在多部门执法机制下,设置一个级别高于各行政主管部门的机构,如爱卫会、健促会那样由多部门组织的协调机构来组织、协调、监督各部门的控烟工作是非常必要的。虽然爱卫会、健促会的办事机构设置在卫生健康主管部门内,实际上它们的具体工作还是由卫生健康主管部门来开展,但是,因为机构本身的名义和权限不同,工作开展起来会更易于操作。这样的设置可以尽量避免多部门执法模式的弊端,增强其可操作性,形成多部门合力,产生更好的监管执法效果。目前,国内控烟法规中采用多部门执法模式的代表城市有:深圳、上海、兰州、武汉、西宁等。

综上建议,在立法过程中可以根据本地区的实际情况,前期立法调研阶段与相关部门进行充分沟通,了解本城市的执法力量配置和现状,选择适合本城市的模式来制定控烟法规。

（四）全面无烟立法的范本、解释和说明

1. 全面无烟立法文本及说明（见附件二）。

2. 爱卫条例、文明行为促进条例中控烟条款的建议范本（见附件三）。

二、立法程序和步骤

地方立法程序包括：提案、审议、表决、报批、公布。下面以地方性法规为例详述。

1. 提出法规案

法规案可以在每年的人民代表大会期间提出，也可以在闭会期间向人民代表大会常委会提出。

本级人民政府或人大代表十人以上联名可向本级人民代表大会（两会期间）提交立法议案。

本级人民政府、人大常委会主任会议、人大代表可向本级人大常委会提交议案。

提出法规案，还应同时提出条例草案文本及其说明，并提供必要的参阅资料。草案说明应包括法规条例（修改）的必要性、可行性和主要内容。

2. 审议

第一次审议，在全体会议上听取教科文卫委员会的说明，可能在本次会议上由分组会议进行初步审议。第二次审议时，在全体会议上听取省市人民代表大会法律委员会报告关于条例草案的修改情况和主要问题，再通过分组会议进一步审议。第三次审议，在全体会议上听取省市人民代表大会法律委员会关于草案审议结果的报告。列入省市人民代表大会常务会议议程的法规案,会向社会公布草案及其起草(修改)说明,征求公众意见。

3. 表决

一个法规案,通常会在人大常委会两到三次审议后,交付表决。由常委会全体组成人员过半数通过。

4. 报省或自治区人大常委会批准

设区市制定的地方性法规,必须报所在省的人大常委会批准后施行。省级人大常委会对其进行合法性审查,与宪法、法律、行政法规以及本省、自治区的地方性法规不抵触的,在四个月内予以批准。

5. 公布

人大常委会发布公告予以公布,并在人大常委会公报以及网站、报纸上刊载。

另外需要说明的是,人大常委会审议法规案,通常都依据该地方人大的五年立法规划以及年度立法工作计划进行。所以,把立法事项列入立法规划和年度立法工作计划,是上述正式立法程序之外应需要重点关注的程序问题。

三、公开征求意见

《中华人民共和国立法法》第三十七条明确指出：列入常务委员会会议议程的法律案，应当在常务委员会会议后将法律草案及其起草、修改的说明等向社会公布，征求意见。向社会公布征求意见的时间一般不少于三十日。征求意见的情况应当向社会通报。

公开征求意见是实现"开门立法"的重要步骤。控烟立法过程中，需要坚持走群众路线，让群众积极参与，实现立法民主化。具体而言，就是采用公开征求立法建议、立法听证等方式，使民主立法延伸到最起始阶段，让民众的意志从控烟立法的最初就得到体现，也让民众对立法有充分了解，从而提高立法的透明度，拓宽人民群众参与立法的渠道，使立法更好地集中民智、体现民意、符合民心。

需要注意的事项：一是，无论是面向一般公众征求立法意见，还是面向特定群体的立法座谈会、论证会和听证会等，都要注意发挥利害关系人在立法中建言献策的作用，让群众代表与立法机关代表、法律专家等进行充分交流，力戒形式主义，细化会议议事规则、信息整理和反馈等程序，着力克服部分参与、片面参与和形式参与的问题。二是，在征求意见过程中，充分发挥全媒体作用,让到不了现场的群众也可以通过手机、电脑,从网站、公众号等渠道参与相关问计活动。通过面对面、键对键、屏对屏的方式拓宽开门立法的广度,尽可能减少民意表达的中间环节,缩短信息传输距离,确保每一项法规制度都能充分讨论、达成共识。三是,在调研过程中重视群众参与。近年来,各地人大常委会注重发挥人大代表的专业特长,积极组织人大代表参与法律制定的全过程。例如在履职平台征求立法建议、组织人大代表开展立法调研、召开座谈会听取意见等。应进一步发挥人大代表深入基层、靠近群众的优势,在法规调研、起草、修改、审议等环节,广泛征集他们的意见和建议,使立法工作顺民意、合民心。

四、组织专项调研和研讨

调研的目的是针对立法过程中可能产生的关键争议点开展调研,加强沟通,学习控烟立法和执法先进地区的经验,推动"全面无烟法规"的出台。调研有以下两种形式。

(一) 组织召开座谈会、论证会、研讨会、听证会

在立法过程中,通过召开座谈会、论证会、研讨会和听证会的形式听取社会各界不同意见和建议,这也是倾听民众声音、形成共识的过程。可以就立法中的一些核心问题或争论焦点问题来组织听证会,并在参会人员、相关部门代表的邀请上充分做准备。

建议准备:提前列明会议所要讨论的核心问题清单;考虑参会人员的代表性、邀请相关部门代表的相关性;准备对立法背景、立法目的和烟草危害及二手烟危害问题提前做介绍;搜集、整理各方有针对性的意见和建议。

(二) 实地走访、听取意见

1. 不同立法阶段的调研内容

在立法的不同阶段,由不同部门牵头,就当下重点问题进行调研,建议参考以下方面。①法规草案在卫生健康行政部门起

草阶段,由控烟主管处室联合法规处结合草案起草过程中不同意见的重点问题,通过召开相关行业代表、相关利益群体座谈会,以及组织相关行政部门、行业协会等代表进行座谈,来充分了解各方意见和建议;②法规草案在司法局审核阶段,就公开征求意见收集的意见和建议进行整理分析,并就草案中的核心争论问题组织相关专家、部门进行座谈,对草案条款进行修订;③法规草案在人大常委会审议阶段,就公开征求意见收集的意见和建议进行整理分析,组织人大常委及专业委员会委员对草案内容及主要争论问题进行研讨,就争论较大、问题较突出的议题组织听取专家及相关部门意见,并在三次审议过程中对草案条款进行不断修订。

2. 调研需要准备的工作

就调研工作开展而言,建议参考以下方面。①准备调研工作方案;②明确调研目的,即:针对当下立法过程中的具体突出问题、重点问题、难点问题等进行有针对性的调查研究,充分听取不同方面的意见和建议,组织学习、参观、考察其他城市的具体做法、实施情况,在各城市的经验总结基础上形成问题解决的方案和思路;③组建调研工作领导小组,确定参与调研人员。在考虑参与调研人员时,建议邀请司法局、人大常委会教科文卫工作委员会和法律工作委员会负责控烟立法工作的相关人员一起参加,帮助他们及时了解相关情况;④确定调研重点及场所和目标,就不同问题的调研重点和场所选择确定方案,基于国内相关立法先行城市确定调研目标。选取调研目标城市须谨慎,建议优先选取进行全面无烟立法并积极推进法规有效实施城市进行学习调研,让立法相关决策人员了解和坚信出台一部"全面无烟法规"的必要性及能够有效实施的可行性。

3. 具体调研控烟先行城市建议

（1）调研城市的选择建议:结合国内立法、执法经验及城市发展水平和地域因素,建议优先考虑北京、上海、深圳、西安、秦皇岛等城市。

（2）调研场所的选择建议:建议重点考察不同类型的餐厅、酒店;机关办公楼;商场;写字楼;机场、火车站等公共场所;投诉举报中心。

（3）调研内容建议:结合当地法律规定,建议重点调研以下内容。禁烟警示标识的张贴情况;禁烟场所落实情况;热线投诉举报流程及工单处理;动员社会力量参与控烟情况;执法部门对落实法规相关规定的反馈;具体监督执法工作开展情况等。

（4）调研方式建议:建议以座谈会形式与相关监管部门、执法部门人员交流(包括一线执法人员及相关部门负责人);以实地走访形式进行观察,并与场所经营者、管理者进行交流。

（5）调研中出现不同意见的处理:调研中如出现重大不同意见,建议就此问题听取不同城市及不同监管部门、执法部门及相关专家的意见,并可就此问题咨询中国疾病预防控制中心控烟办公室的意见,以便帮助及时解除疑惑,找到解决方案。

4. 撰写调研报告

建议将调研报告中针对重点问题形成的共识和解决方案提交给立法部门,以帮助立法部门及相关领导及时掌握情况,完成的报告提交相关部门。

五、应对质疑和误解

在推进全面无烟立法过程中存在不少认识误区,也会面对诸多质疑,应给予足够的重视。同时,更应使立法决策者、立法推进者和执法者充分了解什么是全面无烟立法。避免认识上的误区,不受诸多质疑声音的误导,坚持"全面无烟"的理念,最终出台一部符合全面无烟立法的法规并有效实施。

下面为部分城市控烟立法中遇到问题、质疑和误解的总结:进行全面无烟立法时机尚未成熟;进行全面无烟立法会影响地方经济发展;进行全面无烟立法应兼顾吸烟者的权利;全面无烟立法不需要在室内公共场所、室内工作场所和公共交通工具内全面禁烟;单人办公室不属于公共场所,不应禁止吸烟;设定吸烟室或吸烟区能有效防止烟草烟雾对非吸烟者的危害;不应该设置控烟志愿者、社会组织建设和活动等的条款;控烟执法需要先警告后处罚;"文明吸烟环境建设"有利于控烟工作;"全面无烟"就是禁止吸烟或不让吸烟等。

六、引导公众支持全面无烟立法

本阶段的主要传播工作是持续宣传二手烟危害,监测无烟立法审议过程中的争议焦点,收集证据和实例回应公开征集意见时期可能出现的反对声音;策划主题活动,持续宣传二手烟危害,并动员公众表达对室内公共场所全面禁烟的支持和期待。

(一) 目标和策略

澄清无烟立法的认识误区,凝聚社会各界共识;反映公众对室内公共场所全面禁烟的支持和期待,增强政策推进者和政策决策者对全面无烟立法的信心。

(二) 可以开展的具体工作

1. 开展室内全面禁烟重要性和部分禁烟成效不彰的公众宣传

预判和监测无烟立法中可能出现的质疑的声音,更新升级传播素材,通过信息图、视频的方式具体解释公众认识的误区,传播素材的核心信息应包括两点:第一,只有室内公共场所全面禁烟才能保护公众免受二手烟危害;第二,室内全面禁烟广受公众欢迎。利用自有宣传渠道及媒体宣传联盟的宣传渠道共同推广开发出的传播素材。这项工作的重要性,不仅在于通过公众教育达成室内全面禁烟更广泛的社会共识,还在于为接下来实施政府主导的社会动员活动进行预热。

2. 策划和实施政府主导的社会动员活动

为体现立法流程的公开透明,实现立法工作的民主化,无烟立法,作为一部与每个人利益息息相关的法规,应充分体现民情,反映民意,公开征求意见是公众直接参与立法的一种重要途径。通过无烟立法的宣传阵地,联合媒体宣传联盟伙伴和本地重要媒体,开展线上和线下活动,汇聚公众对室内全面禁烟的期待和支持。

(1)线上活动:在媒体平台发起线上征集活动,通过收集公众的投票、评论、照片、视频等活动形式,动员公众表达对室内全面禁烟的支持,结束后统计参与的人数,选取有代表性的作品进行二次传播,触达更广泛的公众。

(2)线下活动:在本市有代表性的场所组织策划线下活动,设计公众参与的机制,招募活动参与者,完成预设任务,反映公众对室内全面禁烟的支持。线下活动应邀请媒体参加,通过新闻报道扩大活动影响力,同时应记录活动现场素材,活动结束后通过自有的无烟立法宣传阵地和媒体联盟成员宣传渠道二次传播,营造全社会共同参与、踊跃支持室内全面禁烟的氛围。

3. 组织媒体培训

(1)在无烟立法的各个阶段,都需要保持和媒体的密切沟通,及时提供最新资料,保持话题持续性,加强和巩固公众支持。而为了帮助媒体在无烟立法议题上产出更加专业的报道,本阶段可组织开展媒体培训,针对无烟立法审议中遇到的焦点问题集中发声,有助于提高立法流程的透明度。媒体培训前需要针对无烟立法公开草案中的焦点问题,设计有针对性的核心信息。

针对禁烟范围的核心信息:室内公共场所、工作场所和公共交通工具应全面禁烟,吸烟室/吸烟区不能保护公众免受二手烟危害,室内全面禁烟刻不容缓。

(2) 媒体培训主要环节包括,邀请公共卫生专家、法律专家、本市控烟立法行政主管部门负责人、媒体专家组成的师资团队,分别讲解烟草和二手烟危害,科普控烟立法的相关知识、介绍立法草案背景、解读重点条款,剖析立法中的焦点问题如禁烟范围、个人和经营者责任、执法机制,解读常见的反对声音、分析常见的报道误区,在培训中设置讨论环节,激发媒体围绕核心信息进行选题报道。

(3) 媒体培训后:了解媒体在产出报道中可能需要的帮助,针对有价值的选题持续提供媒体素材,协助记者开展采访和稿件撰写工作,对培训产出的稿件进行收集和监测。

4. 收集宣传活动的数据、媒体报道

收集媒体报道,分析社交媒体平台上公众对无烟立法宣传的反馈(如评论、点赞)以及公众自发发布的有关无烟立法的感想、讨论,从而得出无烟立法是否越来越多被公众知晓和讨论,社会舆论对无烟立法的态度倾向,支持度是否在持续上涨,这些均为评估宣传工作有效性、调整下一步宣传策略的重要依据。条件允许的情况下,可聘请专业机构开展此项工作,或由负责媒体宣传的专人定期收集相关数据,并进行分析和整理。

（三）可用的宣传素材

1. 图文类宣传素材（表 3-1）。

表 3-1　图文类宣传素材

材料名称	材料说明	版权说明
信息图：一图读懂室内全面禁烟的认识误区	以对话方式，引出对室内全面禁烟的质疑，澄清室内全面禁烟的常见误区，说明部分禁烟不起作用，全面禁烟不会影响经济，全面禁烟能够改善公众健康等	免费版权，不需要授权协议，仅须向中国疾控中心控烟办备案使用主体和目的即可获得授权版权所有：无烟草青少年行动基金。主体内容不得修改
海报：支持室内全面禁烟，我的理由	系列海报反映各行各业从业者、不同属性的群体代表，支持室内全面禁烟的理由，表现这部法规与每个人息息相关，呼吁和支持本地无烟立法规定室内全面禁烟	免费版权，不需要授权协议，仅须向中国疾控中心控烟办备案使用主体和目的即可获得授权版权所有：无烟草青少年行动基金。原则上不建议修改主体内容，如须修改，须告知版权所有方修改内容并征求同意

2. 视频类宣传素材（表 3-2）。

表 3-2　视频类宣传素材

材料名称	材料说明	版权说明
游泳池的小便区	通过在游泳池设置小便区的社会实验视频，记录和拍摄公众的反应，对比设置了吸烟室/吸烟区的室内公共场所，说明吸烟室/吸烟区不能保护公众免受二手烟危害	免费版权，不需要授权协议，仅须向中国疾控中心控烟办备案使用主体和目的即可获得授权版权所有：世界卫生组织驻华代表处和无烟草青少年行动基金。原则上不建议修改主体内容和落款。如须修改，须告知版权所有方修改内容并征求同意

3. 案例参考(表3-3)。

表3-3　宣传素材案例

材料名称	材料说明	版权说明
案例:无烟立法公开征集意见期间的公众动员活动	上海无烟跑活动策划及执行效果	版权所有:无烟草青少年行动基金。不得修改,主体内容和其中案例可引用
	秦皇岛剪刀手执行方案及效果	版权所有:无烟草青少年行动基金和新浪河北。不得修改,主体内容和其中案例可引用

第四阶段

全面无烟法规的颁布到生效

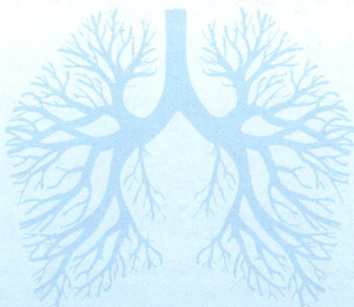

全面无烟法规从颁布到生效一般会有一段时间（一个月到半年或更长时间）作为法规生效的准备期。控烟主管部门应有效利用这段时间，做好法规生效前的准备工作，以确保法规生效后能够有效实施。根据控烟先行城市经验，本阶段的重点工作包括：建立控烟执法协调机制、制定执法工作计划或指南、制定执法技术相关文件、准备控烟执法相关物料、开展控烟执法相关人员培训、布置禁烟场所全面无烟环境、全面开展普法宣传及开展基线评估等。

一、建立控烟执法协调机制

建立协调机制,做好高层倡导,高层领导积极参与控烟执法协调组织工作,是决定控烟法规最后能否有效实施的首要保障。控烟执法工作富有开创性和挑战性、千头万绪,面对所有行业和人员,需要控烟执法相关部门统一思想、坚定信念,需要多部门、多领域共同参与、集团作战。因此,更需要一个强有力的机制协调开展工作。

如何建立控烟执法协调机制或制度,部分控烟先行省市的做法值得借鉴和学习。比较理想的状态是,通过控烟法规的部分条款明确协调机制或制度、说明这个机制如何开展工作、明确具体的主管部门等。如果控烟法规对协调机制等没有做出相应的规定或规定不全,可以在法规颁布后,通过政府文件等形式补充制定。控烟执法机制或制度建设参考以下建议。

首先是明确牵头单位、参与部门和联络人、沟通形式(会议或书面沟通)和频次。各地可利用现有的爱国卫生或健康促进等管理体制,发挥多部门议事协调优势,推动相关部门开展控烟执法工作。如果不能有效利用现有管理机制,可以根据本地实际情况,专门成立一个控烟工作联席会议制度,由立法城市主管领导牵头组建控烟办公室,协调相关部门参与控烟执法工作。

城市经验:爱国卫生协调机制作为控烟协调机制主要职责

1. 各级爱卫会在本级人民政府领导下,负责本行政区域内控烟工作的组织和协调,指导、监督各部门、各行业的控烟工作,制定控烟工作的政策、措施,组织开展控烟宣传教育活动,组织社会组织和个人开展社会监督,监测、评估单位的控制吸烟工作并定期向社会公布,对在控烟工作中做出突出贡献的单位和个人给予表彰、奖励。

2. 爱卫会的日常办事机构设在同级卫生健康行政部门。

3. 市爱卫会应当每年向社会公布本市控烟工作情况。

城市经验:北京市控烟协调机制

北京市爱国卫生运动委员会在市政府领导下,负责组织、协调、指导相关行政部门的控制吸烟工作。市爱卫会办公室承担日常协调工作。各区县爱卫会依据本区县实际情况建立控烟协调工作机制,做好组织协调工作。

1. 建立协调联络机制。市爱卫会各委员单位要明确本部门参加控烟协调工作的成员(局级)和联络员(处级),建立全市控烟协调联络机制和信息通信网络。各区县爱卫会要建立本区县控烟协调联络机制和信息通信网络。在《北京条例》实施前后一年内,每季度召开一次联席会议。

2. 建立考核评估机制。各委员单位依据《北京条例》规定,加强对本单位、本系统内的控烟工作监督检查。在法规实施一年内,开展季度检查,一年后实行年度检查,检查结果上报市爱卫会办公室。市爱卫会、市卫生健康委将不定期组织明察暗访,对相关行政部门、社会单位进行考核评估,其结果采取内部通报、媒体报道等多种方式予以公布。积极邀请市人大、市政协开展监督检查和视察活动。

3. 制定各部门落实方案。市级各委员单位根据本单位特点,制定落实《北京条例》工作方案,并负责在本单位、本系统组织实施。方案应包括管理体系、管理制度、宣传培训、监督检查等内容。

二、编制控烟执法工作计划

法律法规通过后,控烟主管部门需要根据法律法规内容,组织有关专家编制相应工作计划,使相关人员在开展工作的时候有章可循。

制定执法工作计划有很多好处,也是法规有效实施的保障。如:制定控烟执法工作计划的过程能让有关人员对法律有更深层次的认识和了解,使各部门在执法问题上能够尽快达成一致;同时以起草和审阅执法工作计划为契机,可以调动多部门合作开展控烟执法的积极性,形成推动多部门合作执法的团队条件。执法工作计划可以作为控烟执法相关人员开展培训和有效实施法律的重要依据,也是确定预算需求和阐释预算要求的重要文件。

法律法规通过后,单纯将文本交给相关单位去实施是很困难的,需要根据法律法规内容,制定相应工作计划和指南(执法指南),使相关人员在开展工作的时候有章可循。重点内容包括:工作目标;工作内容;工作职责与任务;执法协调机制和机构设置;总体的执法策略(执法工作流程、执法内容);投诉举报电话管理和投诉举报反馈机制情况;检查的类别;执法基础设施的准备;普法宣传;对执法的监测和评估;执法资源等。

城市经验：北京市控烟执法工作计划

一、实施目标

二、工作任务及分工

（一）建立控烟协调管理工作机制

（二）做好《北京条例》宣传工作

《北京条例》宣传包括《北京条例》解读及控烟知识。重点宣传公共治理原则、单位和个人的责任义务、禁烟场所范围、违法行为处罚规定、烟草危害知识等。各成员单位要利用多种传播形式，分阶段、分人群、分目标、有针对性地开展宣传教育。

（三）做好《北京条例》培训工作

应根据培训对象制定培训内容，以《北京条例》为重点，包括《北京条例》解读，烟草危害、公共治理概念、执法程序、违法行为举报投诉方式，无烟环境创建以及戒烟干预等知识和技能。可采取集中培训和自学加考试的方式，完成对培训对象的培训。具体包括：市级培训、分级培训和专项培训。

（四）做好控烟监督工作

市和区有关部门是控制吸烟工作的主管部门，负责组织开展控制吸烟工作的卫生监督管理，受理举报投诉，组织监督检查；在《北京条例》实施初期，通过密集监督检查，在全市掀起落实控烟法规的高潮，树立控烟执法良好开端，为今后控烟执法奠定基础。

三、工作要求

……

城市经验：深圳市人大监督《深圳条例》实施情况

为了保证法规的有效实施，市人大常委会将对《深圳经济特区控制吸烟条例》（简称《深圳条例》）的实施情况进行监督。

一、工作要求

（一）制定法规实施前准备工作方案。

（二）报送法规实施情况的报告。

二、时间要求

三、监督内容

市人大常委会将根据《深圳条例》的规定以及备案的法规实施工作方案适时组织、邀请人大代表以及有关方面的代表对《深圳条例》的实施情况进行视察、检查，听取有关单位《深圳条例》实施情况的报告。

—— 城市经验：深圳市在此期间制定的执法文件 ——

深圳市在此阶段制定了《深圳市控烟执法工作指南（试行）》《深圳市卫生计生委关于禁止吸烟场所和限制吸烟场所具体范围的通告》《深圳经济特区控制吸烟条例宣传工作方案》《深圳经济特区控制吸烟条例培训工作方案》《深圳经济特区控制吸烟条例监督执法工作方案》《深圳市人大常委会关于监督〈深圳经济特区控制吸烟条例〉实施情况的通知》。

—— 城市经验：执法任务和时间表 ——

任务和活动	法律通过前	法律实施前	法律实施当天	法律实施后
1. 指定负责协调法律实施的机构	●	●		
2. 邀请社会公众参与控烟法规的落实	●	●	●	●
3. 确保各机构之间的协调，包括联系人和沟通方式等	●	●	●	●
4. 邀请执法专家参与，提升法律可操作性	●			
5. 起草法律过程中遵循的策略 ● 避免法律文本不必要的复杂性	●			

任务和活动	法律通过前	法律实施前	法律实施当天	法律实施后
• 执法权授予最有效的一个或多个机构 • 规定明确的法律义务 • 规定恰当的处罚 • 预期并防止烟草业的干扰				
6. 与执法部门协调制订执法工作计划		•		
7. 明确实施法律的资源,包括执法及有效实施公众宣传教育		•		
8. 委派有经验的机构实施公众教育		•		
9. 制作法律要求的标识		•		
10. 建立网站或 APP 等		•		
11. 设置免费咨询和投诉电话		•		
12. 通过媒体提高公众的守法意识		•	•	•
13. 制作针对场所经营管理者的宣传材料 • 关于法律、生效日期及执法程序的通知函 • 宣传材料的工具包 • 安全的网络下载渠道		•	•	
14. 积极开展媒体报道,回应反对声音		•	•	•
15. 制作执法人员使用的工具和培训材料		•		•
16. 为执法监督人员提供培训		•		•
17. 管理免费咨询和投诉电话			•	•
18. 开展检查,接到投诉后跟进处理			•	•
19. 建立法律专家组,应对各种对法律的挑战	•	•	•	•
20. 监测和评估法律的遵守情况			•	•

任务和活动	法律 通过前	法律 实施前	法律 实施当天	法律 实施后
21. 对公众教育和执法进行评估	•	•	•	•
22. 介绍进展和对法律的支持 　• 进行民意调查 　• 开展积极的媒体报道 　• 法律实施 3 个月、半年和一年 　　时,庆祝法律的成功实施			•	

三、制定控烟执法技术规范

(一) 明确控烟执法检查工作方法和策略

1. 控烟执法检查工作方法

确定执法的方式、步骤和时间等。有效的控烟执法检查工作方案应当将定期检查和不定期抽查，以及接到投诉举报后巡查等多种方式有机结合起来，即主动检查和收到投诉举报后被动检查。

(1) 主动检查：主要是根据当地执法能力，制定年度专项检查 (巡查)、联合执法计划及结合常规工作开展控烟执法检查等，也是为了评估场所的守法情况，并向其提供相关法律信息和改进措施。这类检查可以单独进行，也可以作为卫生和安全例行检查中的一部分进行。

(2) 被动检查：是对投诉举报案件的一种处理方式，可根据投诉举报情况对被投诉较多的"黑点"场所进行突击现场执法。

制定执法检查工作方案应包括以下内容：执法范围和依据，执法检查内容，执法检查工作流程 (执法程序)，处罚裁量基准，收集固定证据提供指引，制作执法文书等。

一、控烟执法的部门分工

明确各部门负责的公共场所、工作场所及公共交通工具的控烟工作。

二、个人吸烟的处罚标准

（一）具有以下情形之一的，罚款 50 元。

1. 个人在禁止吸烟场所吸烟且不听场所经营者、管理者劝阻的。

2. 个人在禁止吸烟场所吸烟，被控烟执法人员现场发现的。

（二）具有以下情形之一的，罚款 200 元。

1. 个人在禁止吸烟场所吸烟且不听场所经营者、管理者劝阻，控烟执法人员到达后作出语言、手势劝阻等行为以后，当事人仍然继续吸烟或者仍不熄灭烟头的。

2. 个人在禁止吸烟场所吸烟且被控烟执法人员在执法现场发现，控烟执法人员作出语言、手势劝阻等行为以后，当事人仍然继续吸烟或者仍不熄灭烟头的。

（三）具有以下情形的，罚款 500 元。

个人在禁止吸烟场所吸烟、被控烟执法人员现场发现且拒不改正，并存在阻碍执法等情形（例如：在执法过程中当事人有拒绝缴纳罚款、对执法人员进行语言侮辱或暴力威胁等有碍执法的言行）的。

（四）未成年人有前款规定情形的，由有关部门按照职责范围予以训诫教育并责令改正。

三、禁烟场所的处罚标准

（一）具有以下情形之一的，予以警告，并责令限期改正，责令限期整改后逾期不改正的，处以三万元罚款。

1. 禁止吸烟场所没有建立禁止吸烟的管理制度的。

2. 禁止吸烟场所没有配备控烟检查员（控烟检查员须有制度明确岗位责任人，并佩戴明显标识）的。

3. 禁止吸烟场所配置了与吸烟有关的器具或者附有烟草广告的物品的。

4. 禁止吸烟场所没有在禁止吸烟场所的入口及其他显著位置设置禁止吸烟标识和监督投诉电话的。

5. 禁止吸烟场所的工作人员没有对在禁止吸烟场所吸烟的人进行劝阻的。

6. 禁止吸烟场所没有及时向有关部门报告本场所存在不服从劝阻吸烟行为的。

(二) 吸烟点的设置具有下列情形之一的,予以警告,并责令限期改正,责令限期整改后逾期不改正的,处以二万元罚款。

1. 吸烟点没有设置在室外区域的。

2. 吸烟点设置在靠近人群密集区域或者设置在行人必经的主要通道的。

3. 缺少对吸烟点明显的指引标识的。

4. 吸烟点没有配置烟灰缸等盛放烟灰的器具的。

5. 吸烟点没有设置吸烟有害健康的警示标识的。

四、移交市场监督行政部门等其他部门的违法情节

(一) 具有以下情形之一的,移交市场监督行政部门处置。

1. 烟草制品销售者没有在其售烟场所的明显位置设置吸烟有害健康和禁止向未成年人出售烟草制品的标识的。

2. 烟草制品销售者向未成年人出售烟草制品的。

3. 医疗卫生机构、未成年人教育或者活动场所、专门为未成年人服务的社会福利机构等场所内存在销售烟草制品情况的。

4. 使用自动售卖设备销售烟草制品的。

5. 发布或者变相发布烟草广告的。

6. 以慈善、公益、环保事业的名义,或者以"品牌延伸""品牌共享"等其他方式进行烟草促销的。

7. 烟草企业冠名赞助活动的。

8. 派发、赠予烟草制品的。

9. 以派发、赠予烟草宣传品等直接或间接的手段鼓励、诱导购买烟草制品。

10. 通过互联网、移动通信等信息网络向公众销售烟草制品的。

（二）具有以下情形的，移交公安部门处置。

1. 任何单位或个人违反《控烟条例》规定，阻碍有关部门依法执行公务或者扰乱社会秩序（例如在处罚过程中当事人对执法人员有语言侮辱、暴力威胁的），情节严重的。

2. 吸烟点的设置不符合消防安全要求的。

五、对个人吸烟处罚的认定

原则上只处罚不听场所工作人员劝阻，或者执法人员当场发现正在吸烟的人员。有条件的可通过拍照、录像等方式收集、固定证据，减少或避免执法争议。

遇有当事人指责执法人员为什么不查别人的，原则上不予理会。如果回答，可使用类似如下语言："我正在处理你的违法行为，处理完毕之后才能查处他人。"

六、不配合执法的违法行为人处理

管理的主体是执法人员，劝阻的主体包括协管员、义工、劝导员、志愿者等协助控烟工作人员等。在劝阻主体作出管理、劝阻的语言、手势等行为以后，当事人仍然继续吸烟或者仍不熄灭烟头的，均可认定为"拒不改正"，可以处以 200 元罚款。

执法过程中，要注意把"不服从管理、劝阻"与处罚过程中当事人的陈述、申辩区别开来。在处罚过程中当事人对执法人员有语言侮辱、暴力威胁的，均可认定为"有碍执法的情形"，可以处以 500 元罚款，并可移交公安部门依照《中华人民共和国治安管理处罚法》相关规定处理。

七、关于证据的收集固定

以执法人员直接认定和处罚为主。有条件的,可以通过拍照录像、视频抓拍等方式收集、固定证据,以减少执法争议。

城市经验:上海市禁烟场所违法的处罚标准

情形	情节	裁量幅度
一般情形	禁烟场所违反"四有一无一劝阻"之一的	处 2 000 元及以上, 5 000 元以下罚款
	禁烟场所同时违反"四有一无一劝阻"中任意一项或三项义务的	处 5 000 元以上, 10 000 元以下罚款
	因违反第 × 条规定,禁烟场所所在单位第二次受到行政处罚的	
情节严重	禁烟场所同时违反"四有一无一劝阻"中任意四项至六项义务的	处 10 000 元以上, 20 000 元以下罚款
	因违反第 × 条规定,禁烟场所所在单位三次及以上受到行政处罚的	处 20 000 元以上, 30 000 元以下罚款
	禁烟场所所在单位违反第 × 条规定,且具有其他从重情形的	

城市经验:上海落实属地管理和监管责任,统筹"条""块"工作资源和执法规划

在《上海市公共场所控制吸烟条例》正式生效实施前,由各区健促办牵头,研究制订详细的执法方案,利用有限的执法资源对重点商圈、楼宇、人流密集型场所进行执法规划,兼顾场所的典型性和法律的强制性。以国家卫生区复审工作对公共场所室内控烟的要求为契机,将创卫与控烟结合起来。全市加强部门协作,构建起"社会监督、行业管理、重点执法"的快速沟通-反馈-监督机制。

各监管执法部门按照全市统一部署，根据行业特点，分别研究制定系统内执法排片表，有针对性地开展监督检查。

卫生监督部门根据管辖区域特点，集中力量检查了一批商业办公区域；文化执法部门"兵分两路、错峰执法"，对宾馆、娱乐场所及社区文化场所等进行分时分批执法检查；市场监管部门以错时检查、突击检查、"回头看"等方式加强对餐饮行业控烟监管；公安部门对全市所有网吧进行全面排查，采取突击检查手段，加大对网吧区域重点时段的检查力度。机场和铁路管理部门在做好对来往旅客控烟劝导工作的同时，加强对内部工作人员和驻场单位的控烟管理和教育。

2. 控烟执法工作策略

制定有效的控烟执法工作策略，目的是让控烟法规得到最大限度的遵守，让控烟执法程序越来越简单，提高执法效率，降低执法需要的资源水平。在实施决策方面的一致意见十分重要，比如：总体的侧重点是教育、告知和警告等"软执法"方式，还是罚款和其他处罚措施；从法律的生效日期开始就严格执法，还是需要提供一个过渡阶段的"软执法"期。各地可以根据自己的实际情况确定具体方案。

（1）法律生效初期：法律生效初期的执法活动，对法律实施的成败以及之后的监督执法工作成败非常关键。很多国家和地区经验表明，在法律生效的最初一段时间，采用"软执法"是一种容易被公众广泛接受的策略，对行为不严重的违法吸烟者予以警告但暂不处罚，积极开展教育和宣传活动，让场所经营者和管理者充分了解法律的责任。同时也警示，在最初的宽限期之后将会开始严格执法。也有多个国家和地区的经验表明：对早期的违法行为果断迅速做出反应很重要,可以使人们打消法律能否得到贯彻执行的顾虑。

(2) 积极执法期:在法律生效的最初一段时间,建议开展积极执法,包括通过严格的处罚和起诉,加强法律的威慑力。特别对有意藐视法律法规或违法的知名人士,更应采取果断和迅速的行动,同时媒体应最大限度地积极配合,表明控烟执法的决心和法律的严肃性,为最终促进法律的自愿遵守,减少监督执法工作所需资源等奠定基础。

(3) 自动执法期:经过积极的执法和宣传之后,进入自动执法期,场所和个人将遵守控烟法规、在禁烟场所不吸烟等作为自己的行为准则。在此阶段,执法部门需要做好准备,对任何违法事件作出迅速和果断反应,特别对藐视法律的违法吸烟者要作出处罚。因为,对此类情况的强有力反应可强化人们的守法意愿,有利于以后的工作;反之,如果迟疑不决,没有迅速果断对违法吸烟行为作出反应,会使公众或场所对控烟执法失去信心,对法规不再关注,而导致广泛的违法行为,最终陷入恶性循环。

3. 撰写执法检查工作方案

执法检查工作方案一般包括以下几个方面的内容:①明确执法范围和依据;②明确执法检查内容;③明确执法检查工作流程(执法程序);④为处罚裁量基准、收集固定证据提供指引;⑤制作执法文书。

(二) 设置投诉举报电话及制定投诉举报工作流程

设立统一的投诉举报电话有利于公众举报投诉违法吸烟

行为。统一的投诉举报电话使公众更容易记住电话号码;统一的投诉举报电话应有一定数量的专职人员进行管理,能够满足公众举报违法吸烟行为的需要,特别是市长公开电话(例如:12345)还具有协调管理等方面的职能,更有利于调动多方控烟执法的积极性;统一的投诉举报电话更容易收集整理投诉举报电话的结果并对结果进行反馈,是公众参与控烟执法监督的有效工具,也是实现社会共治的有力保障,对保证有效执法具有非常重要的作用。

明确投诉举报电话和工作流程非常重要,这将从公众接受程度和参与热情及提高政府工作效率等方面,让控烟工作接受社会监督。

对于投诉举报热线,应明确和特别关注以下几个方面的问题:第一,明确投诉举报电话热线(例如:市长公开电话12345)。第二,明确举报个案转交各执法部门处理和反馈的流程、时限,明确信息共享和通报方式及数据反馈机制,并且尽可能地公开相关信息,便于更好地服务于公众和接受监督。第三,对于投诉举报案件的反馈时限,各地在实践中的情况有所不同;各城市可以根据各自情况,本着积极、及时处理公众投诉举报、促进公众监督的原则,提出具体的要求。第四,投诉举报路径等也需要与时俱进,适应新形势,除了设置投诉举报热线,建议增加线上途径或者其他投诉举报的路径,并赋予与投诉举报电话相同的职权,便于市民及时、方便地监督、投诉举报违法吸烟行为。

城市经验:北京市控烟投诉举报热线受理流程

1. 向来电人了解情况,判断是否存在违法吸烟行为;

2. 确定场所管理人员有无劝阻,如来电人反映场所不监管或监管无效,工作人员依法受理举报;

3. 形成违法吸烟举报工单,记录投诉人、被投诉场所详细信息,确认是否需要回复;

4. 向市民宣传场所责任(即确保"四有一无一劝阻");

5. 明确反馈要求及时限,如来电人需要反馈,须告知卫生监督工作人员一般 7 至 15 个工作日、最晚 30 个工作日会反馈投诉处理情况;

6. 及时将案件转办到相应执法单位。

城市经验:上海市控烟投诉举报受理平台

1. 归并 控烟投诉热线归并至 12345 市民热线平台,统一受理投诉。

2. 培训 为保证《上海市公共场所控制吸烟条例》修正案顺利实施,市健促办与市卫生健康委热线办公室和 12345 市民热线办公室加强协调沟通,提前做好对热线话务员的专题培训,统一答复口径,明确处理流程。

3. 转处模式 对投诉受理中遇到的疑难问题进行专题研商,完善了"统一受理,行业管理,专业执法"的受理转处模式。

4. 考核 依托 12345 市民热线的考核机制,将控烟投诉举报受理处置情况纳入市政府对各区各部门的绩效考核范畴。

(三)制定统一标准的禁烟标识和设置规范

禁烟标识对沟通和执法都有非常重要的意义。首先,标识可以告诉人们哪里禁止吸烟,同时为场所经营者和公众提供劝阻违法吸烟者吸烟行为的依据;标识上印制投诉举报热线电话号码,让公众遇到违法吸烟时知道向哪里反馈情况;是否张贴标识可以作为执法检查人员评判场所是否守法的简单指标;禁烟标识还有助于建立无烟行为规范。以政府的名义出台禁烟标识,制作和张贴规范、指南等,可以为法律的有效实施奠定基础。

主管部门应牵头设计制作禁烟标识(图 4-1)。禁烟标识的基本要素应包括国际通用禁止吸烟标识或国家标准的禁止吸烟标识、投诉举报电话号码和违法吸烟罚款金额等。城市可根据情况统一制作禁烟标识样例,提供实物和电子版本供场所参考

图 4-1 禁止吸烟标识

或直接使用。同时,应制定禁烟标识张贴规范和各类场所实施指南,并通过培训或其他途径向场所发放该规范、指南及禁烟标识,指导场所为法律实施做好准备。

1. 设计制作禁烟标识

根据控烟先进国家和地区、国内部分先行城市经验,禁烟标识的基本要素应该包括国际通用或国家标准认可的禁止吸烟的图文警示、投诉举报热线电话号码和违法吸烟罚款金额等信息。如果禁烟场所禁止吸电子烟,应考虑在禁烟标识上加入禁止吸电子烟的元素。

《公约》生效后,城市经历了十几年的控烟立法和执法过程,禁烟标识的设计也在不断更新变化。在这些方面,大部分先行立法城市的禁烟标识都值得学习、参考和借鉴。

2. 张贴规范

制定禁烟标识张贴规范,并通过多种途径向场所发放该规范及禁烟标识(实物或电子版),指导场所为法律实施做好准备。

各级各类控烟相关法规规定的各类禁烟场所,均应按要求张贴、放置禁止吸烟标识,并经常对禁止吸烟标识进行更新或维护,确保张贴、放置醒目、平整、整洁、得体。具体要求如下。

(1)标识大小及种类:参照本省市控烟执法主管部门或技术部门推荐的禁止吸烟标识长宽比例、角度、大小规格及种类等,场所可根据空间大小和视觉效果等放大或缩小禁止吸烟标识,确保清晰,以达到良好的警示效果。

(2)张贴、放置位置:省市控烟相关法规规定的各类禁止吸烟场所(含室外禁烟区域)的显要位置处均应张贴、放置禁止吸烟标识。墙面(柱面、壁面、门面)张贴高度原则上应为距离地面 150~180cm,也可根据场所具体情况适度调整,以达到醒目、整洁、美观要求;台面应放置在直接、醒目、无遮挡物的位置。公共交通工具应张贴在乘客视觉可及的两侧或前侧显著位置。

(3) 张贴、放置密度:禁止吸烟标识张贴、放置密度应以在各处的视野下能够及时、清晰、方便看到为原则。公共电梯内、公共卫生间等封闭式公共区域内至少张贴 1 张禁止吸烟标识;公共交通工具内至少张贴 1 张禁止吸烟标识。同时,可配合使用禁烟提示语和吸烟危害健康宣传等。

在制作和发放禁烟标识方面,各地可以根据自己的经费预算情况和本地特点制定禁烟标识的发放办法。预算充足,可以由政府出资统一印制,通过相关部门发放到场所,场所按照政府的统一要求进行张贴,发放和张贴禁烟标识的过程也是指导、监督和宣传的过程。对于经费预算不足的地区,由有关部门规定并设计禁烟标识所包含的要素、设计模板,通过多种途径发放给场所。

城市经验:禁烟标识对禁烟场所具有重要作用

1. 对无烟场所作出了明确的禁烟要求。
2. 作为公民和场所管理者劝阻违法吸烟行为的重要依据。
3. 作为执法部门重要的执法和处罚依据。
4. 为公众提供投诉举报电话的号码。
5. 有助于建立无烟行为规范。

城市经验:北京市禁止吸烟标识制作标准与张贴规范

根据《北京市控制吸烟条例》"在禁止吸烟场所设置明显的禁止吸烟标识和举报投诉电话号码标识"的要求,结合国际通用的禁止吸烟标识,特制定本规范。

一、禁止吸烟标识制作标准

在国际通用禁止吸烟标识基础上,标注中英文"禁止吸烟　NO SMOKING"和"控烟举报投诉电话:12320"(图 4-2)。

图 4-2　禁止吸烟标识示例

二、张贴规范

(一)《北京市控制吸烟条例》规定的禁止吸烟场所必须设置明显的禁止吸烟标志和举报投诉电话号码标识。标识可配合使用提示语,告知进入机构人员禁止吸烟的范围。

(二)公共交通工具内必须在醒目的位置张贴禁止吸烟警示标识。标识可配合使用提示语,告知乘客车厢内禁止吸烟。

(三)对于设置有室外吸烟区的机构,在机构入口处应指明吸烟区所在位置。吸烟区必须张贴吸烟区标识和吸烟有害健康的警语。

(四)禁止吸烟标识必须张贴平整、整洁。张贴的禁止吸烟警示标识必须距离地面 150cm 以上。

三、禁止吸烟标识样例

　　各单位可根据自身实际情况,在本市禁止吸烟标识基本图形基础上制作不同形式的警示标识及控烟宣传台卡、桌签等控烟宣传品。警示标识如落款,应为单位全称或规范化简称。鼓励单位在警示标识上加注"无烟北京二维码",市民通过扫描二维码,可得到控烟知识、戒烟指导、监督执法信息等服务。

城市经验:设置禁烟标识的要求

　　1. 重点位置,标识要醒目

　　场所大门的入口处

　　场所内各建筑物入口处

　　2. 常规位置,标识要到位

　　场所内大厅用餐区域(墙上张贴禁烟标识,餐桌摆放禁烟标识牌)

　　场所内特殊服务区域,如包房等

　　场所内辅助设施,包括大厅、走廊、电梯间、楼梯、卫生间等

城市经验:杭州市新增禁止吸烟标识

　　《杭州市公共场所控制吸烟条例》早在 2019 年已将电子烟纳入杭州市禁烟范围,国家《电子烟管理办法》也于 2022 年 5 月 1 日起正式施行。为加强电子烟监管,即日起在《关于印发〈杭州市禁止吸烟标识制作标准及其张贴要求指导意见〉的通知》(杭控烟办〔2018〕1 号)规定的禁烟标识基础上,新增一个禁烟标识,作为规范标识推荐使用(图 4-3、图 4-4)。

图 4-3　标识基本图形

注:图 A 为原标识基本图形,图 B 为新增标识基本图形。

图 4-4　新增禁止吸烟标识样式

(四)制定禁烟场所法律实施指南

无烟场所实施准备和环境布置应遵守"四有一无一劝阻"的原则,即有控烟管理制度、有投诉举报电话、有醒目的禁烟标识、有控烟检查员,经营场所内无烟具,无烟草广告及赞助,场所内要有人员对违法吸烟行为进行有效劝阻。

禁烟场所的经营者和管理者是确保法律有效实施的关键。相比广泛的禁烟场所和有限的执法力量,政府不可能有足够的资源安排执法者定期检查每一个无烟场所的遵守情况。因此,场所经营者和管理者对法律充分了解并负起责任是保证法律有效实施的关键。

在法律实施之前,控烟主管部门需要通过多种途径告知法律规定的场所禁止吸烟的主要内容,指导或组织制定场所实施控烟法律指南,指导场所经营者和管理者做好无烟场所准备,迎接即将生效的控烟法律,包括建立场所控烟制度、场所无烟环境布置、培训员工劝阻违法吸烟等。在这方面,深圳、上海等城市都做了很好的工作,结合本市控烟法规的要求,组织专家编写了"场所实施控烟条例指南",为场所有效落实控烟法规提供了指导。

法规颁布后,如何让场所经营者或者管理者知道法规、如何依法建设无烟环境、遇到问题如何应对,小到禁烟标识如何张贴等,是实现全面无烟环境、有效执法的关键。作为控烟执法的组织者和管理者,应非常明确如何让场所经营管理者知晓控烟法规要点,并采取有效的手段推动场所依法建设全面无烟环境。

1. 告知场所经营者和管理者知晓法律执行要点的途径

(1)通过政府文件的形式告知场所经营者和管理者法律的要点。

(2)对经营者和管理者进行培训。明确经营者和管理者的义务、工作职责、法律责任,令其掌握监督、巡查、劝阻、引导技巧等。

(3)针对不同场所制作专门的指南,明确全面无烟场所的要点。

(4)通过组织程序,令场所经营者或者管理者签署协议,做出承诺,遵守法律和执行法律,依法创建全面无烟环境。

2. 明确场所经营者和管理者的责任和义务

场所经营者或管理者及员工有责任和义务阻止吸烟者在经营管理的场所内吸烟。具体应做好以下工作。

(1) 在入口处和其他显著位置设置符合规定的禁止吸烟标识:场所经营者或管理者有义务在入口处和其他显著位置设置符合规定的禁止吸烟标识,明确告知在该场所内吸烟是违法的。标识的形式和内容由有关部门决定,应至少包括禁止吸烟的图形警示标识、违法吸烟的罚款数额、投诉举报的电话号码等内容,以便于公众举报违法行为或进行投诉。此外,场所经营管理者还应该采取各种适当的方式,告知本单位职工和来访者,该场所内禁止吸烟。

(2) 撤销任何吸烟相关用具:组织本单位贯彻落实全面无烟环境法律的相关规定,包括在有关地点撤销任何烟具(包括烟灰缸、打火机及能够作为烟灰缸使用的用具,如水杯、纸杯、花盆等)。

(3) 监督法律在本单位所属范围内的遵守情况:经营者或管理者应采取的措施包括①请当事人不要吸烟;②停止服务;③请当事人离开现场以及与执法部门联系;④向授权执法单位提供合理协助,处理违法人员;⑤保留个人在场所内违法吸烟及员工采取的行动和结果的书面记录。

(4) 劝阻个人不要在无烟场所吸烟:场所经营者或管理者具有采取合理的步骤和方法、阻止个人在禁烟场所吸烟的义务。包括:请当事人不要吸烟,停止服务,请当事人离开现场以及与执法机构联系。

(5) 告知本场所人员承担的责任和义务：场所经营者或管理者应对本场所的工作人员进行培训，明确法律实施的关键点，对违法吸烟行为事件进行记录。

违法吸烟事件发生后，执法机构将会收到投诉，场所经营者或管理者最重要的任务是确保能还原当时发生的事件。记录这些事件应该包括的内容见表 4-1。

表 4-1　场所违法吸烟事件记录表

日期和时间	事件描述（在什么地方吸烟，对吸烟者的描述）	采取了哪些行动	结果	经理名字

国际经验：英国案例

英国的控烟法自 2007 年 1 月生效，其实施指南明确规定，员工应礼貌地要求吸烟者停止吸烟并安全地熄灭卷烟；告知吸烟者最近的可以合法吸烟的场所；告知吸烟者如继续吸烟可能受到的罚款及相应的惩罚；如果吸烟者继续吸烟，停止服务并劝其离开。员工应对场所违法吸烟事件进行记录，记录内容应包括：违法吸烟发生的时间；对事件进行简单的描述，如吸烟的地点和吸烟者行为；场所人员采取了哪些行动、结果如何；值班经理签字等。

3. 依法建设全面无烟环境

（1）制定全面无烟政策的要点：应根据控烟法规制定全面

无烟政策。要点包括以下几个方面:①应明确全面无烟的定义,让所有人员都知道什么是全面无烟环境;②明确指出单位的禁烟区域;③明确对单位工作人员的要求和限定;④明确对来访者的要求和限定;⑤禁止烟草制品销售、广告和赞助;⑥禁止在单位内任何地方摆放烟具;⑦明确奖惩制度;⑧明确各部门职责,明确控烟监督员的责任;⑨公布监督电话和投诉程序;⑩提供戒烟服务的细节;⑪无烟政策开始执行的时间,具体负责的部门等。

(2)建设支持性环境:建设全面无烟环境支持性环境的要素包括:张贴符合标准的禁烟标识;按规定设置室外吸烟区(如果室外禁烟则不需要设置室外吸烟区);制定单位的禁烟制度;开展控烟宣传,包括宣传栏、宣传画、海报等;室内区域禁止摆放烟具;禁止销售烟草制品;禁止任何形式的烟草广告;室内环境整洁等。

在不全面禁烟的室外场所可设置吸烟区,但要符合以下要求:符合消防安全要求;设置明显的标志及引导标示;与非吸烟区(即建筑物)隔离;远离人员密集区域和行人必经的主要通道。在建筑物门口及建筑物窗外不适合设立吸烟区。

(3)按照要求张贴禁烟标识:禁烟标识设置需要按照规定进行。例如:单位大门的入口处及各个建筑物的入口处等重点位置标识应醒目;单位内的有关位置,标识要到位,包括室内可以看到的地方,如走廊、电梯间、楼梯、卫生间、值班室、宿舍、食堂等,也包括单位的公车都需要张贴禁烟标识。

在所有场所,包括一些重点可能使吸烟者违法吸烟的场所设置禁止吸烟的标识。在垃圾桶上的灭烟处张贴禁烟标识,避免吸烟者误解此处可以吸烟。在卫生间设置明确的禁烟标识,告知吸烟者在卫生间吸烟是违法的。

(4)对员工进行培训:应针对全体员工、监督员、控烟工作小组成员及在聘用新员工时开展不同层面的培训,告知他们如何执行无烟政策等。

培训内容包括:吸烟和二手烟危害、无烟法规的具体规定、奖惩细节、投诉举报途径、劝阻吸烟技巧等。

(5)定期监督检查,进行环境维护:对全面无烟场所定期进行监督检查及环境维护。按照规定,明确应履行的工作职责。例如:全员有劝阻违法吸烟的职责、检查员的职责、监督员的职责等。定期进行环境维护,包括及时更换损坏的禁烟标识,例如香港控烟办会定期对室外禁烟场所,如露天公共交通场所的禁烟标识进行粉刷。

城市经验:控烟管理制度要点

1. 根据《××××××条例》规定,结合本单位实际情况,特制定本规定;

2. 成立控烟领导小组,负责领导本单位控烟工作;

3. 制定控烟工作计划,明确检查考核指标;

4. 设立控烟劝导员或监督员,挂牌上岗;

5. 本单位内所有室内空间禁止吸烟,不摆放、不提供烟具(烟缸)及使用类似物品作为烟具;

6. 工作人员应积极进行控烟宣传,主动向吸烟顾客解释控烟法规内容,宣传违法吸烟的后果;

7. 场所内按照国家统一要求张贴和设立禁烟标识;

8. 场所内禁止发布烟草广告和变相烟草广告,禁止开展烟草促销和赞助活动;

9. 所有员工都有劝阻场所内违法吸烟的责任,对于不听劝阻者,应停止服务,拒不改正者应向有关部门举报;

10. 本制度自××××年××月××日实施。

城市经验:控烟工作记录

日期	时间	事件(例如召开控烟会议,培训内容,参加人员)	结果	经理名字

城市经验:餐饮场所员工控烟执法培训主要内容

控烟法律法规要点:控烟法规的名称、禁烟范围、员工的权利和义务等。

烟草危害基础知识:吸烟和二手烟的危害知识,保护不吸烟者免受二手烟危害的权益等。

劝阻违法吸烟技巧:不同情境下如何劝阻违法吸烟、不同情况下如何处置突发情况,投诉举报及报警的有关程序等。

如何落实控烟制度:如何设立控烟监督员、如何定期开展场所内控烟活动检查、如何对控烟活动和事件进行记录、如何配合执法部门等开展控烟执法工作。

城市经验:场所落实无烟法规的关键点
(也是没有落实无烟法规的处罚点)
——"四有一无一劝阻"

四有:有控烟管理制度、有醒目禁烟标识、有举报投诉电话、有控烟检查员或监督员;

一无:无吸烟有关用具及附有烟草广告的物品;

一劝阻:对违法吸烟者进行劝阻。

城市经验:劝阻违法吸烟用语

每一个场所的从业者对发生在场所内的违法吸烟行为都负有劝阻责任,因此使用合适的语言和恰当的劝阻技巧,将会提高劝阻成功率、减少矛盾冲突,起到积极的引导作用。以下是几组标准劝阻违法吸烟用语,可灵活参考使用。

劝阻用语如下:

您好!按照法律规定,这里禁止吸烟。

如果想吸烟,请到室外吸烟区。

如果您继续吸烟,将处罚××元,请您还是熄灭烟吧。

如果您不停止吸烟,不仅您被处罚,我们也将被处罚。

如果遇到不听劝阻的,请餐厅投诉举报:

"您好,控烟投诉热线。我是###餐厅,位置在###,现在有##名顾客不听劝阻,执意在室内吸烟,因此向您投诉,我们已经拍了照片,我的姓名是###,联系电话###。"

如果发生暴力冲突,报警用语:

"110,你好,我是###餐厅,因劝阻顾客吸烟发生纠纷,顾客情绪较为激动,有可能失去控制,我们的位置是:###,我的姓名是###,电话###,请尽快出警。"

（五）建立执法数据信息表及收集反馈机制

在控烟法规生效前,各地的控烟主管部门应建立控烟执法数据收集、上报机制,定期将相关数据反馈给控烟主管部门以及政府部门,以便他们掌握执法情况和存在的问题。这些都是推动控烟执法工作,使得领导重视控烟工作的有效手段。

控烟执法数据主要包括:①检查场所类型;②出动执法人员数量;③检查户次数;④违法个人、场所数;⑤对个人、场所处罚金额;⑥责令整改场所数;⑦投诉举报数量及处理率等。

城市经验:深圳控烟条例执法周执法情况汇总

执法部门	出动人次	检查场所数	处罚个人数	罚款金额	劝导	监督意见书	警告场所数	场所处罚
公安								
城管								
交通								
卫监								
文体								
市场监管								
合计								

四、落实人财物保障措施

（一）开展控烟执法队伍培训

控烟执法工作的开展离不开专业的控烟执法队伍。为了使控烟执法等相关人员了解控烟法规的主要内容、要点、执法程序等，控烟主管部门应在法律正式实施前，组织针对不同对象的控烟执法培训。

根据多个省市开展控烟执法培训经验，控烟执法培训主要针对以下六类人员开展，这样就基本满足了控烟执法的需求。六类人员包括：执法人员和相关的管理人员、法定监管部门工作人员、场所经营者和管理者、投诉举报热线电话工作人员、媒体相关人员、志愿者。

培训内容应根据培训对象的不同而有所侧重，以法律法规核心信息的解读（包括法律制定的背景、意义，禁烟范围，法律赋予他们的责任和义务）为重点，包括烟草及二手烟危害、执法检查重点和指南、无烟环境布置、投诉举报电话的受理、公众参与控烟监督的方式方法等。

城市经验:开展控烟执法培训——推荐培训内容和讲师

培训内容应根据培训对象的不同而有所侧重,根据部分城市开展控烟执法培训的经验,控烟执法培训内容主要包括以下几个方面。

第一,控烟法律核心信息解读,邀请本地立法机关权威人员讲解;

第二,烟草及二手烟危害,邀请公共卫生或临床专家讲解;

第三,执法检查重点和指南,邀请执法人员代表讲解;

第四,无烟环境布置,邀请控烟执法管理人员讲解;

第五,投诉举报电话的受理,邀请投诉举报电话管理人员讲解;

第六,公众参与,邀请志愿者组织者讲解;

第七,先行城市控烟执法经验,邀请部分执法先行城市代表讲解;

第八,媒体(普法)宣传,邀请媒体专家或媒体工作者讲解。

城市经验:上海控烟执法培训经验

上海市健促办统一协调控烟执法培训相关事宜。

培训内容:二手烟危害、条例修订背景、修订重点、场所及个人的法律责任、社会共治要求、违法吸烟劝阻技巧等关键点,分类编写系列培训课件。

培训对象:第一类,市各控烟监管执法部门负责人、联络员及骨干人员,各区健促办负责人及师资人员等;旨在提高控烟核心工作人员控烟知识和技能,为大规模普法培训奠定师资基础。第二类,各区健促办、市机管局、市商务委、机场铁路管理部门以及市 12345 热线、12320 热线等部门有关人员,各部门工作人员、场所管理方、志愿者队伍、热线话务人员等。

培训规模:开展分级分类培训 2 000 余场,接受培训人员近 20 万人。

（二）保障控烟法规有效实施的经费

控烟法律的实施不需要大额资金（普法经费除外），但需要一些必要的资源，政府应给予一定比例的预算保证。

各地可以根据自己的实际情况来安排。各地政府在法律生效前一定要预留控烟执法相关经费，为控烟执法工作做好准备工作。

城市经验：实施无烟法规需要的经费

1. 法律出台前后和执行期间的宣传费用
2. 开展控烟执法培训的经费
3. 民意调查经费
4. 投诉举报热线电话的部分人工费用
5. 执行初期的监督、检查（包括志愿者等）的部分误工和误餐等经费
6. 调查和起诉违法人员、机构的费用
7. 监测和评估活动的经费

（三）准备控烟执法文件和设备

开展执法前，需要对控烟执法所需的相关资料和设备等做好准备，为下一步的执法检查、针对违法吸烟行为开展处罚等奠定基础。例如针对个人违法吸烟行为实施简易程序进行处罚，需要提供向违法人员收缴罚款的专用票据；按照国家财政制度，当地财政部门需要开设控烟执法罚款收缴的专用账户等。控烟执法协调部门需要关注这些事情，事情虽小，但这些准备工作是

保障控烟执法,特别是对违法吸烟行为进行处罚的基本条件,需要引起控烟主管部门的高度重视。

　　控烟主管部门需要准备的执法文件和设备包括:执法指南或实施细则、工作指南、执法程序文件、罚款发票、罚款账户,调查取证所需的必要设备(例如调查取证需要的执法记录仪)等。

城市经验:深圳控烟执法文件之控烟执法指南

需要强调"四"个"明确"

1. 明确控烟执法部门的分工和禁止吸烟场所范围

2. 明确控烟执法检查内容

3. 明确对违法行为的处罚标准及移送其他部门的情形

4. 明确控烟执法工作流程

城市经验:深圳市控烟执法检查内容

　　1. 对禁止吸烟区域的检查要求

　　(1)检查禁烟标识制作和张贴是否符合本地区控烟法规等相关文件的要求。

　　(2)禁烟场所应履行的控制措施是否按照规定执行,例如"四有一无一劝阻",零售店是否摆放禁止向未成年人售烟的标识等。

　　2. 对室外吸烟点的检查要求

　　必须设置在室外、不得靠近人群密集区域、符合消防安全要求等。

　　3. 对控烟活动和制度的要求

　　禁烟场所应有禁烟管理制度、需要定期开展活动并有记录、设定控烟监督员等。

4. **违法吸烟行为证据获取**

场所证据采集：控烟执法监督员结合现场情况，及时、全面地收集场所违反控烟条例的书证物证、视听资料(照片、录像等)，现场收集录音、拍照等佐证资料。个人在禁烟场所吸烟照片、录像等。

5. **文书制作**

(1) 现场笔录：核实并描述场所违反控烟条例的书证物证；核实并描述场所控烟工作开展情况，包括控烟检查员在岗情况；核实并描述现场发现情况，了解场所是否履行劝阻责任；发现其他违规情形(烟草广告)，核实并描述现场发生情况。

(2) 询问笔录：记录被询问人的身份和职务；询问并明确该场所的违法主体类型：公民、法人或其他组织；询问该场所的控烟工作执行情况；询问其他违规情形的情况。

五、为提供戒烟服务做好准备

　　法规颁布后,应考虑提供戒烟服务支持工作,做好充分准备,为有戒烟意愿的吸烟者提供帮助。具体的工作包括:建立有效的戒烟服务工作模式,如门诊戒烟、热线戒烟和移动戒烟等,并对戒烟服务资源进行有效宣传,提升戒烟服务人员提供服务的专业技能。

　　立法城市可考虑将戒烟服务资源(如戒烟热线)印制在禁止吸烟标识上,提高现有戒烟服务资源的利用度。

六、开展基线调查

在法律生效前,开展基线调查,获得法律实施前的基线数据,以便与无烟法规生效后的数据进行比较,评估无烟法规实施的效果。

调查方法包括以下几种。

(1) 现场观察法:评估重点场所违法吸烟情况等。

(2) 测量空气中尼古丁和 $PM_{2.5}$ 等指标,了解场所吸烟情况。

(3) 入户调查:了解人群吸烟及场所二手烟暴露情况。

(4) 入户调查或方便抽样调查:了解公众对于无烟法规的支持度和满意度等。

城市经验:《杭州条例》实施效果评价

为评价控烟监管部门执行新版《杭州市公共场所控制吸烟条例》(简称《杭州条例》)的实施工作情况、各类场所新版《杭州条例》执行情况、无烟环境建设推进情况以及新版《杭州条例》实施对公众控烟行为的影响,市控烟办委托杭州师范大学开展《杭州条例》实施效果评价体系研究,形成指标体系。

一级指标	二级指标	三级指标
1. 结构评价	1.1 法律规定	1.1.1 执法文件
		1.1.2 控烟执法队伍
	1.2 管理机制	1.2.1 工作职责
		1.2.2 领导重视程度
		1.2.3 跨部门协作频繁程度
	1.3 物力和人力资源	1.3.1 专项资金的投入情况
		1.3.2 控烟资金 / 公共卫生资金比例
		1.3.3 人员配备
2. 过程评价	2.1 条例宣传	2.1.1 控烟相关推送的发布量
		2.1.2 宣传视频播放次数
		2.1.3 大众媒体上控烟广告的播放时长
		2.1.4 控烟宣传视频的大众媒体曝光率
		2.1.5 政府宣传渠道及资源用于控烟宣传的比例
	2.2 监管能力提升	2.2.1 参与控烟执法培训的人员数
		2.2.2 参与控烟培训的场所管理者数
		2.2.3 参与控烟培训的媒体人员数
	2.3 监督执法	2.3.1 监督警告情况
		2.3.2 控烟执法处罚案例数
		2.3.3 各控烟监管部门投诉 / 处罚的比例
		2.3.4 居民多次投诉的情况
		2.3.5 限制吸烟场所提前全面禁烟的比例
		2.3.6 公共场所内合格禁烟标识或广告的暴露率
		2.3.7 提前全面禁烟的限制吸烟场所的合格比例
		2.3.8 执法工作及处罚相关媒体报道数量

一级指标	二级指标	三级指标
	2.4 公众参与	2.4.1 控烟志愿者活动的开办次数
		2.4.2 参与培训的志愿者人数
		2.4.3 志愿者活动的参加人数
		2.4.4 控烟相关推送的阅读量
		2.4.5 居民的投诉举报情况
		2.4.6 戒烟门诊的月利用人次数
		2.4.7 社会组织参与
3. 结果评价	3.1 公众控烟知识知晓情况	3.1.1 控烟条例核心知识知晓率
		3.1.2 烟草危害知晓率
	3.2 公众支持力度	3.2.1 控烟法规的支持率
		3.2.2 吸烟者对控烟法规的支持率
	3.3 公共场所控烟效果	3.3.1 控烟规定违法情况
		3.3.2 无烟单位达标率
		3.3.3 无烟党政机关达标率
	3.4 公共场所控烟满意度	3.4.1 公众公共场所控烟满意率
		3.4.2 监督执法人员公共场所控烟满意率
		3.4.3 场所管理者公共场所控烟满意率

七、开展普法宣传

本阶段的主要传播工作是提炼无烟立法核心内容,最大化利用宣传渠道,开展全天候、全方位宣传;对特殊人群、难点场所重点宣传;推动全社会共同参与,为即将到来的无烟生活做好全方位的准备。

(一) 目标和策略

提高市民和场所管理者对本市无烟立法实施日期与核心内容的知晓率。

(二) 开展的工作

1. 制定普法宣传工作计划

为了在短时间内让无烟法规家喻户晓,需要根据法规生效前的重要倒计时节点,开展不同层次的宣传活动,营造迎接法规实施的期待感和紧迫感。为了让各项宣传工作有序开展,需要制定具体的宣传工作计划,内容包括宣传目标、宣传对象、核心信息、具体活动、时间线、合作伙伴、职责分工、推广渠道、预算花费和预期效果,宣传工作计划应以发文的方式正式下达。

2. 明确无烟法规核心信息和核心亮点

（1）在对法规全面理解的基础上，将本地无烟法规的主要条款内容，如禁烟范围、执法机制、个人与场所经营者的权利义务、其他控烟措施和社会监督机制进行简化，把法言法语变为公众易懂、简明扼要、方便记忆的核心信息。

（2）基于对法规的核心条款的理解，对比国内其他城市无烟立法的规定，总结提炼出本市无烟法规核心亮点，可以成为无烟城市的记忆点，为法规的宣传起到事半功倍的效果。随着越来越多的城市制定并通过无烟立法，能够观察到的趋势是，在室内公共场所全面禁烟的基础上，各城市精益求精，努力扩大禁烟范围，突出本地特色。如 2015 年，北京市实现了室内公共场所、室内工作场所和公共交通工具内全面禁烟，被誉为"史上最严控烟令"；2019 年，秦皇岛市无烟立法除规定室内公共场所全面禁烟，还规定沙滩浴场全面禁烟，"国内第一个无烟海滩"成为无烟秦皇岛的代名词。

3. 设计传播素材，整合宣传渠道，开展针对公众的普法宣传

（1）根据不同的宣传渠道，对核心信息进行视觉化加工，设计适用于该渠道的传播素材。如适合社交媒体平台传播的信息图和短视频、适合户外张贴的海报、适合大众媒体传播的公益广告宣传片，适合社区宣教、向场所经营者和管理者发放的折页/单页，以及适合社区宣传的横幅等。鉴于有些传播渠道的时长或篇幅限制，如不能将无烟法规主要条款全部囊括，至少须保留的内容和元素为：禁烟范围、法律施行日期、举报投诉电话、

明确的罚则和清晰醒目的禁烟标识。

（2）宣传渠道：大众媒体（电视台、报纸杂志、广播电台、户外广告、电梯楼宇广告、电影映前广告与贴片广告等）、新闻媒体、社交媒体平台、自有媒体、其他宣传屏、宣传栏、城市建筑围挡，基层的宣传渠道如社区、物业通知栏等。

普法宣传注意事项：

宣传法规具体内容的同时，也需要持续向公众宣传二手烟的具体危害，让公众了解无烟法规是为了保护公众健康。在了解了这样的信息后，大多数公众会自觉遵守法规，可以减轻法规实施之后的执法压力。

4. 加强重点场所、重点人群的普法宣传

无烟法规的生效，不仅与本地公众息息相关，短期旅游、访问或工作的流动人口也需要遵守当地法规，共享无烟环境。因此，在人口流动度高的交通枢纽，如机场、火车站、长途汽车站，应循环播放无烟法规的主要内容，并为来到本地的公众定向发送手机短信，以提高流动人口的执法守法意识。

5. 开展无烟法规普法宣传媒体动员会

对媒体联盟成员开展普法宣传，确保媒体了解本地无烟法规的主要内容和宣传亮点，多角度、多维度策划报道，向公众普及法规核心内容，引起公众对法规即将生效的期待。

（1）争取市委宣传部、市文明办、市委网信办等与本市宣传工作直接相关的委办局的支持，市卫生健康委与相关委办局共同组织普法宣传媒体动员会。确保本地主流媒体相关条线的编辑或上级、本地社交媒体账号内容策划负责人或上级参加媒体

动员会。

（2）媒体动员会的主要环节包括：邀请公共卫生专家、市人大或市司法局领导、本市控烟立法行政主管部门负责人、媒体专家组成的师资团队，分别讲解烟草和二手烟危害、本市无烟立法初衷，并解读重点条款，说明无烟立法普法宣传期主要工作，发布可供媒体使用的宣传素材。动员会应设置讨论环节，听取参会媒体对无烟立法普法宣传工作的思路和创意。

（3）跟进本地重点媒体，为无烟法规生效当天的报道锁定头版头条：虽然无烟立法是卫生健康部门主导、为解决烟草流行这一公共卫生问题而通过的一部法规，但这部法规与每个人的利益息息相关，明确和强调控烟议题的社会民生属性，争取媒体报道的重要版面，有助于提高公众对无烟立法的关注度。

6. 策划和实施活动，反映社会各界对无烟立法生效的期待和开展的准备工作

经验表明，伴随着持续不断的宣传，公众对无烟法规的支持率会不断提高，公众对法规知晓度、支持率的提高，会为法规生效后的执法做好铺垫。

（1）可通过与当地主流媒体合作，策划便于公众广泛参与的主题活动，了解法规生效后的权利义务，让每个人都觉得即将施行的法规"与我有关"。

（2）主动与当地餐饮协会、文化娱乐行业协会、旅游协会等窗口单位联合策划活动，反映场所经营者迎接无烟法规生效所做的准备工作，认可场所经营者所做的努力，让他们意识到无烟

法规的实施离不开他们的参与,同时也让公众了解了场所经营者在维护无烟环境中的职责和改变的决心。

7. 筹备法规生效当天的宣传活动

法规生效当天的主要活动包括:有高层领导参与、吸引眼球、彰显城市特色的启动仪式,以及启动仪式后的媒体联合执法行动。媒体联合执法行动的提前筹划尤为重要,需要与执法部门沟通,了解法规施行当天的执法计划,选择餐饮行业、写字楼等与公众生活切实相关的场所,邀请媒体共同参与执法行动。执法前,需要提前与媒体沟通,将执法计划、线路、联络人等信息告知媒体。法规生效当天的宣传工作需要协调和沟通的部门众多,需要从法规通过之日起就开始策划和筹备。

(三) 可用的宣传素材

1. 图文类素材(表 4-2)。

表 4-2　图文类素材

材料名称	材料说明	版权说明
普法海报模板	普法海报模板源文件(含必备设计元素和各地可选的特色元素)及设计说明	免费版权,不需要授权协议,仅须向中国疾控中心控烟办备案使用主体和目的即可获得授权 版权所有:无烟草青少年行动基金。如须修改,须告知版权所有方修改内容并征求同意

2. 视频类素材（表 4-3）。

表 4-3　视频类素材

材料名称	材料说明	版权说明
视频：烟草危害广告宣传片	《无烟餐厅》：以餐厅场景为背景，阐述二手烟和吸烟具体危害，向公众普及即将实施的无烟法规要求室内全面禁烟的必要性。片尾可加入无烟法规核心内容，如实施日期、罚则、投诉热线等以及单位落款 《临床演示》：该系列以公共场合（分别以室外公交站台和餐厅）为背景，通过演示烟草烟雾进入人体、通过血管到达肺部及心脏对人体带来的损害，向公众普及即将实施的无烟法规要求室内全面禁烟的必要性；其中《临床演示——公交车站》版本，还体现了控烟志愿者的角色。片尾可加入无烟法规核心内容，如实施日期、罚则、投诉热线等以及单位落款 《无形杀手（医院篇）》和《无形杀手（办公室篇）》：曾在央视播放，该系列分别以医院和办公室为背景，阐述二手烟导致心脏病风险，向公众普及即将实施的无烟法规要求室内全面禁烟的必要性。片尾可加入无烟法规核心内容，如实施日期、罚则、投诉热线等以及单位落款	免费版权，不需要授权协议。仅须向中国疾控中心控烟办报备使用主体和目的即可获得授权

3. 案例参考（表 4-4）。

表 4-4　宣传素材案例

材料名称	主要内容	版权说明
《2 分钟看懂史上最严控烟令》	《北京市控制吸烟条例》施行前的普法视频参考	版权所有：无烟草青少年行动基金及"分钟学堂视频"。仅供参考，主体内容不得修改
北京普法海报及普法信息图	用于社区、禁烟场所等宣传张贴或发布于微博账号的普法信息图参考	版权所有：北京市爱国卫生运动委员会办公室。仅供参考，主体内容不得修改
西安普法海报及普法信息图	用于社区、禁烟场所等宣传张贴或发布于微博账号的普法信息图参考	版权所有：西安市卫生健康委。仅供参考，主体内容不得修改
《倒数计时，迎接无烟北京》	在法规生效前重要时间节点策划活动、有节奏地开展《北京市控制吸烟条例》的普法宣传工作，让法规家喻户晓，深入人心	版权所有：北京市控制吸烟协会。不得修改主体内容，主体内容和其中案例可引用

（1）根据时间节点倒计时,开展不同层次的宣传活动,营造迎接法规实施的期待感和紧迫感,例如百天倒计时、50天倒计时等。

（2）要求专家、媒体等提炼法规核心信息,将法言法语转变为公众易懂、简明扼要和方便记忆的核心信息。例如北京:史上最严控烟令;秦皇岛:国内第一个无烟海滩。

（3）请专业人员对核心信息进行视觉化加工,让公众快速、直观了解法规。

（4）在人口流动度高的场所,例如机场、火车站、餐厅等加大宣传力度,可以起到意想不到的宣传效果。

（5）对媒体联盟成员开展普法宣传,例如宣传部、文明办、重点媒体等参与普法宣传,会增加公众对法规的了解、提高其重视程度。

（6）多与主流媒体、相关专业协会,例如餐饮协会等合作,更能反映社会各界对无烟立法的期待。

（7）生效当天的宣传活动,例如启动仪式等,邀请高层领导参加,体现领导的重视。同时也加大了法规的宣传力度,更有利于法律的普及。

城市经验:杭州全面无烟节点宣传经验

在2021年12月至2022年5月,即《杭州市公共场所控制吸烟条例》结束过渡期的关键期,杭州市控烟办联合杭州市文明办组织开展了持续半年的"全面无烟迎亚运"全媒体宣贯活动。整合宣传渠道和资源,丰富宣传形式,通过报刊、广播、电视等传统媒体,新媒体平台,地铁、公交、站点、户外媒体、城市电视,以及各系统、各单位自有的公共宣传平台等,线上线下相结合,全面投放控烟公益广告,广泛宣传本市控烟相关规定。

城市经验:《北京条例》实施倒计时宣传活动

倒计时 50 天:"无烟北京"微信公众平台正式上线

倒计时 40 天:世界卫生组织发布控烟海报——"你有控吗?"

倒计时 20 天:控烟手势评选结果发布

倒计时 10 天:北京市成人烟草流行情况数据发布

倒计时 1 天:2015 年世界无烟日暨《北京条例》实施宣传活动

八、动员全社会参与

控烟执法工作需要政府部门积极主导,但仅仅依靠政府是不能实现法律所赋予的全面无烟目标的,需要全社会的共同参与,最终达到社会共同治理的局面。社会共治强调包括政府在内的多元主体共同治理。其中政府主体包括不同层级、不同区域的政府机关,社会主体既包括不同领域、不同层次的社会组织,也包括媒体、各类群团组织,以及市场中的企业、中介组织、消费者组织,还包括作为个体的志愿者、公民等。积极推动公众、志愿者、社会组织和团体的参与,是实现社会共治局面的基本条件,需要发动全社会参与。

社会组织和团体的支持,对于无烟法规的成功实施是一项非常重要的因素。最佳的模式为:政府致力于控烟法规的建立和有效实施,将社会组织和团体作为帮助宣传和实施法规的伙伴。社会组织包括:学会、协会、基金会等。例如控烟协会、医疗卫生专业团体、健康慈善机构(如癌症防治类协会、心脏健康类基金会、肺部健康类协会等)、环保组织、教师协会等。

城市经验：杭州控烟志愿者宣传 V 站活动介绍

充分发挥志愿者服务在杭州控烟工作中的重要作用。由杭州市控烟办编制并录制的《杭州亚运会控烟标准及志愿者控烟职责》培训课件正式列入杭州亚运会志愿者培训课程体系，并通过线上、线下等多种形式进行控烟培训。在 2022 年 5 月 31 日，即第 35 个世界无烟日上，杭州市控烟办正式启动"无烟杭州无烟亚运"控烟宣传 V 站，为不同的志愿者团队提供一个共同的服务阵地，并通过"志愿汇"平台，组织浙江大学、杭州师范大学等多所高校的志愿者提供常态化的控烟志愿服务。

城市经验：北京发动控烟志愿队伍，实现无烟社会共治

在北京市志愿服务联合会的领导下，通过社会公开招募，于 2015 年 8 月正式成立了北京市控烟志愿者总队。北京市的控烟志愿服务队伍主要由北京市志愿服务联合会、北京市控制吸烟协会、北京市控烟志愿者总队共同组建，并形成 16 个区级控烟志愿者分队。志愿服务在起步阶段主要从事群众性宣传活动，如发放宣传品、张贴禁烟标识、组织文艺演出等。截至 2020 年 5 月，北京市注册的控烟志愿者共有一万三千余人。

（1）让志愿者成为辅助控烟执法的重要力量：在传统的控烟执法模式中，卫生监督部门的监督执法人员一直是工作主力。12345 市民服务热线接待市民投诉举报后，派发工作单给监督执法部门，监督执法人员随即展开现场执法，将处理结果反馈给投诉者。近年来，市民发起投诉量逐渐加大，"控烟一张图"接待投诉量已接近或超过 12345 热线，成为全市接待控烟投诉的又一重要渠道，控烟执法队伍人员缺口日渐显著，控烟志愿者作为辅助力量参与执法工作能有效缓解这种局面。北京市积极组织开展志愿者培训，使志愿者的工作内容逐步从宣教领域扩展到投诉处理。

（2）让志愿者成为处理控烟投诉的有生力量：市民通过微信平台进行投诉举报，"控烟一张图"首先亮灯，由属地志愿服务分队队长派发工作单。志愿者接到工作单后，两人一组深入现场，对被投诉单位进行告知及处理。在运用"控烟一张图"开展执法工作初期，志愿者深入被投诉单位时会面临一些阻力。随着"控烟一张图"逐渐深入人心，执法主体与执法对象不断磨合，被投诉单位对控烟工作的认识逐步加深，志愿者执法工作效率也在不断提高。

（3）让志愿者成为带动群众共治的活跃力量：志愿者一直是控烟行动的活跃力量。他们佩戴统一标识，在控烟场所开展巡查、劝阻、举报、宣传等志愿活动。他们深入群众，积极宣传"控烟一张图"，示范劝阻吸烟手势，以简单易行的方式让群众了解控烟、参与控烟，赢得群众广泛支持，带动群众走上无烟社会共治共享之路。为鼓励群众积极参与控烟工作，对控烟投诉表现突出的市民进行年度表彰，授予"北京市控烟达人"荣誉称号，并宣传其事迹，努力形成"人人都是监督员，处处都有摄像头"的良好局面。目前，北京市控烟服务志愿者每年接待社会各界群众投诉 1 万余件，累计接待投诉已达 8 万余件，群众整体积极性很高。

第五阶段

持续开展控烟执法

　　有效落实控烟法规是一个长期的过程,需要社会各界不懈努力。因此,自法规生效之日起,应重点关注推动执法的可持续性及长效机制的形成,让越来越多的公众主动参与,形成"共建、共治、共享"的社会共治氛围,不断促进社会环境和公众行为的改变。

　　为了让控烟执法工作能够持续开展,多地都提出了控烟执法的要求。例如上海市提出了控烟执法的 12 字要求:坚持查、耐心劝、多指导、依法办;北京市提出:"要持之以恒做好控烟工作,需建立行之有效的长效机制,完善社会治理体系,提高现代化治理能力"。

　　通过有效的工作机制,避免控烟执法工作出现虎头蛇尾的局面,避免出现立法轰轰烈烈,执法"无声无息"的不利局面,最终影响法律的公信力。

一、保障协调机制和协调会议正常运转

（一）定期召开控烟执法协调会议

　　召开协调会议的主要目的就是协调多部门积极参与控烟执法工作。为了有效推动控烟执法工作，各个地区应该按照协调工作机制定期举办协调会议。对于无烟法规实施来说，不管是单一部门为主执法还是多部门为主执法模式，控烟执法工作都会涉及各行各业，需要各主管部门共同推进法规的落实。在此过程中，统一协调工作就显得尤其重要和必不可少，作为控烟主管部门的卫生健康行政部门，承担起控烟执法协调工作责无旁贷，为了更好地开展控烟执法协调工作，利用爱国卫生运动委员会或建立控烟联席会议制度协调控烟执法工作，是非常必要的。

　　协调会一般由该市的主管领导召集，定期召开会议，加强政府部门对行业的日常监督，并部署相关工作，促进各部门、行业履行法定职责，发挥部门和行业作用，解决日常控烟执法中的难点和问题，推进法律有效实施。

1. 建立组织机构，落实专门机构、专职人员。

2. 定期召开协调会，研究形势变化下的新对策，督促落实行业管理和属地管理。

3. 定期公示、曝光违法行为重点行业、单位，传导管理压力。

4. 适时约谈重点、问题行业和单位。

5. 客观面对控烟进程中的阶段性问题，研究解决执法过程中的技术性问题，持之以恒做好《北京市控制吸烟条例》执法监督工作。

6. 加大控烟宣传力度。

7. 调动各行各业一线服务人员、控烟志愿者的积极主动性，形成控烟社会共治的有效管理模式。

（二）持续发布年度控烟执法报告

年度报告内容主要包括各部门的执法行动情况，不同场所二手烟暴露改善情况，公民积极参与控烟情况等，可以明确展示各部门的控烟执法工作，特别是有关领导等能够方便地看到各单位在控烟执法方面的工作量和工作态度，对推进控烟执法工作有积极的推动作用。

城市经验：20××年度上海市公共场所控烟状况报告（白皮书）

自2011年起，上海市健康促进委员会办公室于每年3月1日，即《上海市公共场所控制吸烟条例》实施周年之际，发布上一年度全市公共场所控烟状况报告（白皮书），旨在帮助公众和社会各界跟踪了解上海市在推进公共场所依法控烟领域的努力与现状，引导社会各方为进一步改善本市公共场所吸烟状况、营造无烟健康环境予以帮助和支持。

白皮书内容主要包括:各监管执法部门开展的主要工作及成效;控烟工作面临的问题和困难;上海控烟执法监督执法数据,包括执法部门控烟检查户次、行政处罚户次(人次)及金额(场所和个人);条例实施情况监测报告,具体包括禁烟场所违法吸烟发生率、对违法吸烟行为劝阻和执法数据、禁烟标识张贴率、公众的条例知晓率等;12345控烟投诉举报电话情况分析,包括电话数量、类型、内容等。

每年的报告发布都会成为媒体关注的焦点,为《上海条例》的有效实施起到了推动作用。

城市经验:杭州控烟协调组织体系

在《杭州市公共场所控制吸烟条例》(简称《杭州条例》)正式实施前,杭州市政府提前布局,全面动员,下发贯彻实施《杭州条例》的通知,明确各地各部门控烟工作职责和任务,强化齐担当意识,积极履职,建立健全控烟工作机制,循序做好《杭州条例》的全面实施。

杭州不断完善控烟联席会议制度,由市政府牵头,每年召开多部门联席会议,并以控烟联席会议为中心,联络员会议为纽带,市、区两级控烟办牵头,积极协调各部门、各单位共发力齐担当,为《杭州条例》贯彻落实提供强有力的组织保障。

新《杭州条例》实施以来,杭州市控烟办积极发挥组织协调作用,牵头推进各项重点工作,开发控烟健康教育工具包,交流推广控烟工作实践,协调解决难点问题。控烟信息通报常态化,控烟办每季度收集各地各部门控烟工作情况,形成工作简报,通报至相关部门。横向和纵向相结合,全市控烟工作网络运行日益高效顺畅。

城市经验:《深圳经济特区控制吸烟条例》联席会议制度有关条款

第二十九条 市人民政府建立市控烟工作联席会议制度。市联席会议由市人民政府召集组织,主要履行下列职责:

(一) 研究、审议控烟工作的规划、政策、方案;

(二) 协调解决控烟工作中的问题;

(三) 督促、检查、评估有关控烟工作开展情况;

(四) 有关控烟工作其他事项。

市控烟工作联席会议由市宣传、发展改革、教育、科技创新、工业和信息化、公安、民政、司法行政、财政、人力资源保障、住房建设、交通运输、文化广电旅游体育、卫生健康、市场监督管理、城管和综合执法、医保、口岸、机关事务管理、烟草专卖等部门和工会、共青团、妇联等群团组织组成。

区人民政府参照前款规定建立区控烟工作联席会议制度。

市、区控烟工作联席会议的具体办事机构分别设在市、区卫生健康主管部门,负责有关日常工作。

第三十条 建立联席会议工作例会制度,控烟工作联席会议至少每年召开一次。联席会议议定的事项,各成员单位应当组织实施。

联席会议各成员单位,应当根据实际情况,制定本行业、本系统的控烟工作制度,组织实施本行业、本系统的控烟工作。

第三十一条 卫生健康主管部门应当依法履行下列职责:

(一) 拟定并组织实施控烟工作规划;

(二) 统一组织、协调、指导、监测和评估控烟工作;

(三) 负责指导、协调、部署、组织开展控烟宣传和烟草危害的健康教育;

(四) 组织医疗卫生机构开展戒烟医疗服务、提供戒烟咨询和指导;

(五) 按照规定履行控烟监督管理与行政执法职责,但是本条例第三十二条规定的除外;

(六) 法律、法规规定的其他职责。

二、保持控烟执法工作常态化、规范化

将控烟执法工作凌驾于其他执法工作之上，认为只有控烟执法工作最重要，这是非常狭义的控烟理念。同时也应摒弃将控烟执法当作一项运动的观点，不应只在一些重要节点，如世界无烟日、控烟法律生效日等重要日子开展活动。

实践表明，控烟执法工作应该和其他执法工作同等对待、正常对待，将控烟执法工作融入常规执法活动之中。这样才能使控烟执法工作常态化和规范化。

比较好的做法是，控烟法规生效后，逐步将控烟执法工作常态化和规范化，按照法律生效前制定的工作计划开展控烟执法工作。作为一名管理者或执法人员，不需要将控烟执法工作放到第一位或比较重要的位置，但是在日常工作中，能够时时考虑到控烟及控烟执法工作，积极面对和解决控烟执法过程中出现的问题。

城市经验：如何让控烟执法工作常态化和规范化

1. 将控烟执法工作融入日常巡查、宣传、执法工作之中，做好每日控烟执法数据收集和汇总。

2. 持续不断开展控烟执法行动，可以分场所、分区域、分阶段开展控烟专项执法。

3. 定期将控烟执法数据、经验、案例等通过媒体向公众发布,对于普法、公众守法等有事半功倍的效果。

4. 加强与上级部门沟通,获得领导重视。可以将执法部门的控烟执法数据及相关调查数据等进行分析,形成报告,及时向有关部门反馈。

5. 采用技术手段加强控烟执法工作,如烟雾报警器、浓度检测器、视频图像等技术监控手段协助对禁烟场所的监督管理。

6. 认真对待公民投诉,及时处理,不拖延,不消极对待。对投诉举报的高发场所加大违法处罚力度。

三、持续开展培训

法律生效后,控烟执法相关培训可以一直开展下去,可以在之前培训方案基础上,根据法律执行过程中出现的具体问题,对培训内容进行有针对性的调整。例如分享执法案例及执法难点、疑点等,开展戒烟培训、媒体培训,介绍控烟执法评估情况等。

可参照法律生效前的培训方案,根据不同培训对象的职责需求,调整或补充法律生效后在实施与执法过程中出现的具体问题的相关培训内容。如,执法部门培训可重点分享和讨论执法过程中的难点、疑点、经验和案例,邀请先行城市分享经验及可供参考的解决方案;场所经营管理者培训,可讨论场所执行法律要求过程中遇到的困难和解决困难的经验。对控烟执法典型案例进行撰写、加工及传播。

对全市医务人员开展培训,推广戒烟、简短戒烟干预等知识和技能。开展媒体培训,让控烟执法和媒体深度结合,挖掘控烟执法亮点案例并促进有效传播。

四、采取多种手段推动执法的可持续性

　　法律实施一段时间后,执法工作会出现疲软现象,执法部门及公众的积极性都会减弱。中国疾病预防控制中心调查显示,部分已经立法城市控烟法规实施一段时间之后,会出现消极执法甚至不执法现象。解决此类问题,需要我们共同采取行动和努力。总体来看,需要调动各方对于控烟执法工作的积极性,给予控烟工作应有的重视,使公众保持参与控烟执法工作的热情,这样才能确保控烟执法的可持续性,推动形成执法长效机制,最终实现全面无烟目标。

　　针对控烟执法工作容易出现疲软现象,需要主管部门利用不同的平台和契机调动各方对于控烟工作的积极性,确保执法的可持续性,推动形成执法长效机制。可考虑开展以下几方面活动。

(一) 策划专项执法和联合执法行动,利用媒体扩大执法影响和效果

　　组织控烟专项或联合执法行动,有利于推动控烟执法工作形成常态。在此期间,媒体的积极配合,将会扩大控烟执法的影响力和效果。

在具体实施过程中,应做好以下几项工作。

(1) 做好多部门参与控烟执法的协调工作。这个非常重要,也是考验控烟执法协调机制是否能够有效运转的试金石。

(2) 在组织过程中应明确目标、分工、处理规则、行动方式等。行动方式一般包括:随机行动、对检查场所不打招呼、突击行动,并现场处罚,明确检查场所类型、区域范围、参与部门及媒体参与方式等。

(3) 协调媒体配合行动。①提前确定媒体参与方式(现场跟踪、事后报道、现场直播等);②明确检查场所类型、区域范围、参与部门。

城市经验:深圳控烟车轮战

目的:带动执法单位、媒体联合行动,提高公众控烟意识。

做法:深圳市控烟办牵头,联合执法单位协同配合,并借助新闻媒体直播,共同营造社会舆论氛围,避免出现"不作为""慢作为"。

实施:不打招呼、突击行动;协同作战、常态操作。

行动:制订方案、明确目标。

结果:以结果为导向,明确处罚数量或案件。

方式:引入直播、锁定证据。

(二) 借助重大活动、重点工作推动控烟执法

组织和实施重大活动,往往会带动各项工作的有效开展,其中公共卫生、烟草控制等工作更是不可或缺,因此有效利用重大活动的开展,加强控烟工作可以起到事半功倍的效果。这是因

为,借助重大活动、重要文件、重点工作等推动控烟执法工作,非常容易引起各界重视。多个省市利用这些重大事件推动了控烟工作。例如:无烟北京奥运会、无烟上海世博会、无烟广州亚运会、无烟深圳大运会、无烟杭州亚运会,多个城市创建卫生城市、文明城市和健康城镇等,都推动了本地区的控烟工作。

具体应从以下几个方面开展。

1. 落实《"健康中国 2030"规划纲要》《健康中国行动(2019—2030 年)》。

2. 结合卫生城市、文明城市、健康城镇等创建活动。

3. 利用承办大型活动推动控烟执法工作:例如承办大型体育赛事、大型国际会议等。

（三）推动各界积极参与,形成"社会共治"的控烟氛围

鼓励社会组织参与控烟工作,加强能力建设,成为控烟执法部门的有力帮手。利用基层网络(例如街道),采取多种形式(例如党建、文明促进活动等)开展控烟工作,推动控烟法规有效实施。

在这方面,可以借鉴深圳市坪山区马峦街道建设无烟场所的经验,他们在控烟执法及推进控烟工作中,创造性地提出了:由街道组织部牵头,通过党建引领,建设党员理事会,将街道的不同人员,包括政府、志愿者、商家等联合起来,共同建设无烟马峦街道。

采取多种办法,让越来越多的志愿者加入控烟工作。

1. 企事业单位积极创建无烟环境、落实控烟法规有关规定。

2. 鼓励社会组织参与控烟工作,加强能力建设,成为控烟执法部门的有力帮手。

3. 利用基层网络(例如街道、社区等),采取多种形式(例如党建、文明促进等)开展控烟工作,推动控烟法规有效实施。

城市经验:深圳无烟马峦街道建设

1. 成立街道控烟工作领导小组,建立控烟工作网络

街道党工委牵头成立控烟基层治理工作领导小组,由街道党工委书记任组长,副组长由具体负责控烟基层治理工作的分管领导担任。

2. 制订街道控烟基层治理工作实施方案

实施方案包括建立控烟工作制度,明确工作目标、任务和进度安排,确定各项任务的责任单位和具体工作内容,并提出评估指标。

3. 发挥基层党组织的战斗堡垒作用

由街道党工委牵头,把无烟场所(单位)建设工作作为基层党建工作的重要内容,组织开展控烟主题党日活动,学习烟草危害知识,在公共场所劝阻吸烟行为。党员干部模范遵守禁烟规定,主动接受群众监督和舆论监督,以实际行动做出表率。将党员干部落实各项控烟规定作为纪律检查内容,督查结果作为评优评先的重要参考。

4. 建立网格化管理与专项执法相结合的模式

将控烟工作纳入社区网格化管理内容,各片区控烟督查管理责任到人,建立控烟常态化管理工作制度。

5. 营造全员参与的控烟氛围

控烟基层治理有赖于辖区各级各类控烟场所和社区居民的共同参与。

6. 组织开展无烟场所(单位)示范创建

选择辖区具有一定代表性、示范性和社会影响力的场所,开展无烟场所(单位)示范创建活动。

7. 建立并完善辖区戒烟服务体系

组织开展戒烟服务宣传,整合辖区医疗卫生资源,收集可提供戒烟门诊和简短戒烟干预服务的医疗卫生机构名单,建立对口协作机制,为吸烟者提供可及的、便捷的戒烟服务。鼓励各级各类场所(机构)积极创造条件,如组织开展戒烟大赛、邀请医生上门服务等,为吸烟员工戒烟提供支持性环境,对成功戒烟者进行奖励。

8. 实施保护儿童青少年免受烟草危害专项行动

以辖区家庭、学校和儿童青少年聚集的室内外公共场所全面无烟环境建设,以及规范烟草和电子烟销售行为为重点,实施保护儿童青少年免受烟草和电子烟危害专项行动。加大对烟草和电子烟销售场所的执法力度,严格落实学校和少年宫等周边禁止销售烟草制品和电子烟,以及禁止向未成年人销售烟草制品和电子烟的法规。加强对学生、家长和学校教职工关于烟草和电子烟危害的宣传教育,提供可及的青少年戒烟服务和家庭教育服务,进一步推动无烟家庭和无烟校园建设。

9. 评估控烟基层治理效果

由市、区控烟办牵头,组织专家根据示范创建街道的实施方案,制订控烟基层治理评估方案,综合评价控烟基层治理效果,并对街道控烟工作提出意见和建议。市控烟办根据评估结果,及时总结经验,不断丰富和完善控烟基层治理工作内容。

(四) 有效利用新技术、新手段助力控烟执法工作

控烟执法工作也要与时俱进,需要充分利用新技术、新方法,提高执法效率。例如互联网、物联网、5G,AI 技术,以及客观

评价手段等。

1. 利用互联网、物联网、5G 等技术,加强对违法吸烟行为的监督和证据采集力度,让更多的公众参与到控烟执法工作之中。如控烟一张图、控烟监测器等。

2. 利用高科技 AI 技术、视频图像、物联网、5G 等技术监控违法吸烟行为。

3. 监测禁烟场所室内烟草烟雾情况,使场所管理者能够及时了解二手烟污染情况。如监测禁烟场所内空气中尼古丁浓度、$PM_{2.5}$ 值等。

城市经验:北京控烟一张图

在移动互联网时代,消费者的主动权和话语权得到提高,负面信息的传播力量得到放大,手机也能为控烟执法创造新的环境和手段。手机普及率提高,几乎人人一部,为"人人都是控烟监督员"奠定了基础。

"北京控烟一张图",即应用互联网技术,动员每个持有手机的群众积极举报公共场所的违法吸烟行为,以实现"到处都是摄像头"的创意。举报情况随时可以在网络上看到,这样可以使每个人都成为控烟监督员和劝阻员。"北京控烟一张图"在广泛进行需求评估的基础上,逐步形成了"实时投诉一张图,控烟处罚一张图,戒烟门诊一张图,学校控烟一张图,控烟示范单位一张图和志愿者分布一张图",最终实现了每名志愿者在自己手机上就能得知附近被投诉的场所,及时赶到现场进行执法宣传和援助。"控烟一张图"使志愿者插上了科技的翅膀,找到了政府管理与社会共治、单位负责的链接点。在控烟一张图上,被投诉一次的场所将亮起蓝灯,被投诉三次亮黄灯,五次及以上则亮红灯。志愿者从亮蓝灯开始进行投诉处理,如果改正效果好,就可以灭掉投诉蓝灯,如果整改效果不好,志愿者也可继续投诉,卫生监督人员可以根据红灯投诉的情况,有针对性地进行监督处罚,提高了执法的精准度和效率。

城市经验:利用物联网和 5G 技术对违法吸烟行为进行监测(电子眼)

原理:通过控烟监测器实时采集监控区域的颗粒物、挥发性有机化合物(VOC)的数据,实时展示这些数据,并分析数据变化趋势,和数据库中吸烟状况下的数据模型进行比对,如果情况相符会发出"有人吸烟"预警;同样的原理:系统检测到烟雾浓度低于预置阈值,撤销"有人吸烟"预警;系统会记录每一次预警信息,包含抽烟地点、抽烟起止时间,以及抽烟时长,管理人员可以通过控烟管理平台,实时查看各单位监测点预警记录、环境空气质量数据,根据这些预警信息和记录对责任单位进行有效的管理。控烟监测系统由 5 个部分组成:控烟监测器本地系统(包含传感器及配套网络设备)、系统数据库、系统管理平台、报警监控平台、控烟系统 APP。

作用:第一,全面实时监测禁烟场所违法吸烟情况。执法人员和责任单位管理员可以实时了解受监测区域是否"有人吸烟",方便及时地劝诫和制止。第二,量化管理禁烟场所违法吸烟情况和责任。管理部门可以统计和记录各单位"有人吸烟"预警发生的地点、时间、时长,方便对责任单位量化管理。量化和落实控烟管理责任,统计控烟管理成效。第三,对禁烟场所无烟情况进行环境评价。可以监测、统计、评价辖区内受监测区域的空气污染情况。

例如,2020 年杭州拱墅区城管局在 20 座公厕提升改造过程中装配了敏感的智能烟感报警设施,可以第一时间发现在锁门之后,公厕使用人员的吸烟情况。一旦有人吸烟,烟感报警器就会发出语音警告,并通知就近的执法人员到现场。系统还可以定期统计各个点位的违法吸烟情况,为后续控烟管理工作提供依据。目前这一系统在杭州市民中心以及一些综合体试点应用。

(五) 利用多种手段推进执法工作

1. 发挥人大等的监督权利，对控烟法规的实施情况进行监督

建立定期将控烟执法情况向人大常委会反馈的工作机制。邀请人大代表、政协委员不定期参与控烟联合执法，发挥人大监督职能。

2. 全面无烟环境建设常抓不懈

依法建设全面无烟环境并保持，带头建设无烟党政机关，为社会树典型。无烟医院、无烟学校、无烟家庭等的建设工作作为常规工作常抓不懈。

3. 加强对法律实施的监测评估

开展网络调查、暗访等活动，了解法律的知晓度、依从度，违法情况等信息，让公众了解控烟法规，主动劝阻违法吸烟者，对违法吸烟等行为进行投诉举报，积极推动控烟执法工作。

4. 定期召开新闻发布会，或通过其他途径发布执法进展情况

及时发布控烟执法相关信息，架起与公众有效交流的桥梁。发布当地吸烟率和二手烟暴露情况，执法部门参与控烟执法情况等，接受社会监督。

城市经验：杭州推进执法工作

杭州每年对控烟工作开展情况进行暗访和现场督导，并将暗访结果通报作为健康杭州考核依据。

2019 年 10 月,市人大常委会对本市贯彻执行《杭州市公共场所控制吸烟条例》情况进行现场检查;2020 年,由市直部门领导分别带队,组织区县市交叉检查和督导;2021 年,由爱卫办和控烟办开展联合督导,对检查中发现的问题,提出整改意见并发简报。

五、开展控烟执法效果评估

控烟法律生效后,需要对执行情况进行评估,以便能够及时发现实施过程中存在的问题,让领导和公众了解法律实施进展情况,为有效开展执法工作提供科学依据。

监测评估工作主要包括:①监测、收集日常法律实施情况数据;②持续、定期开展无烟法律实施情况评估;③发布评估结果。

(一)连续收集日常实施情况数据

1. 为了监督和反馈控烟法规实施情况,控烟主管部门(如控烟办公室)需要将法律实施情况及所形成的相关数据记录在案,并适时发布,包括但不限于以下内容。

(1)各控烟执法部门的月度执法数据(执法机构出动执法人员人次、检查场所数量、处罚个人人次和罚款金额、对违法吸烟行为劝导人次、发放监督整改意见书数量、警告场所数量、处罚场所数量和罚款等)及年度汇总。

(2)控烟投诉举报热线、投诉举报平台终端收到的投诉数量及处理情况。

(3)年度控烟专项投入(执法、宣传、培训、监测评估及其他控烟机制、平台、队伍的运维成本等）。

(4) 控烟志愿者人数及活动。

(5) 其他大数据辅助执法平台数据。

2. 持续追踪和收集执法相关数据，不仅可以用于评估执法部门的工作，也为宣传法律实施及政府工作公开透明化提供了良好的素材。

(二) 持续、定期开展实施情况评估

1. 无烟法律实施情况评估应该在法律生效前及生效后的每个周年开展、进行对比并发布结果。必须保持评估方案、数据收集方法和问卷的一致性，确保每个周年的评估结果与上一年具有可比性，这样才能准确评估和把握当地法律实施的效果。

2. 评估结果的发布是通过媒体宣传加强公众对无烟环境关注的方法之一。发布形式的规格越高，报道或转载的各种媒体越多，就越能吸引公众的注意力，公众教育效果越好。

3. 评估结果的发布不是评估工作的终点，更重要的是如何将评估报告中的建议落实并解决发现的问题。这需要控烟主管部门或指定的控烟技术部门针对无烟法律实施中的问题，联合有关部门商讨并制订解决方案，并由控烟主管部门监督及协调落实。具体见附件四。

六、媒体宣传工作持续开展

本阶段的主要传播工作是策划执法活动,保证控烟议题的曝光度;发掘典型案例,以案释法,加强执法效果,提升公众关注度;重视信息监测,主动制造话题点,保持控烟议题的新鲜度。

(一) 目标和策略

通过开展执法宣传工作,彰显法律权威,持续普法,提高公众、场所对法律的依从度。

(二) 可以开展的工作

1. 常规发布执法数据

常规数据的发布不仅可以证明无烟法规的执行有序推进,还能够帮助执法部门发现执法中存在的问题,掌握公众关切的场所,从而明确下一阶段的执法重点。可在固定的平台如市政府网站、有影响力的当地媒体的固定栏目上,以月度、双月或季度为频次,公示和更新无烟立法实施相关数据,如执法检查次数、覆盖场所类型和数量、违法场所数量和主要问题、处罚商户和个人数量以及罚款金额等;举报投诉数据,包括投诉举报电话及其他渠道的举报数量、解决的数量、跟进的数量等。

2. 重要时间节点法律实施效果评估数据的发布

发布法律实施效果评估的数据,目的是用客观权威的数据说明无烟法规给社会环境带来的改变,展现公众对法规有效执行的信心。

(1) 在法规施行后,需要定期传播法律执行的情况和效果,保持控烟议题的热度和巩固公众对无烟立法的信心。可考虑选择阶段性的时间节点发布法律实施效果及评估结果。

1) 法规生效后的三个月,可以发布室内公共场所 $PM_{2.5}$ 监测值在执法前后的变化;

2) 法规实施后六个月,可发布公共场所守法情况、公众对法规知晓率和支持率的上涨;

3) 法规实施后一年或数年后,发布本地吸烟率、室内公共场所二手烟暴露率、公众戒烟意愿等数据的变化,尤其是室内全面禁烟后带来的健康收益,如吸烟相关疾病(呼吸道疾病、心脏病等)入院率的变化。

(2) 准备核心信息并召开媒体吹风会:在召开发布会前,需要把即将公布的详细数据进行整理,并提炼出数据反映出的核心信息。在核心信息的设计上,应从两方面考虑。第一,无烟法规实施后对环境、健康带来的积极、正面的改变;第二,未来如何更好地优化执法效果。确定核心信息后,围绕核心信息撰写新闻通稿。发布会前半小时,可以召集小范围的媒体吹风会,向记者说明发布会的目的、主要内容,提示记者注意避免报道的误区,连同新闻通稿一起给到记者。

3. 执法行动和媒体工作深度结合

执法期时间跨度大，宣传工作容易形成疲态。因此，法规施行后，执法行动应和媒体宣传工作深度结合，使媒体联合执法机制常态化。每次执法行动前都应提前策划宣传的"切入点"，常规执法带一个记者，各家媒体轮流参与；突击或专题执法，扩大规模，主流媒体联合出动。出动前先模拟现场执法情景，再评估可能产生的案例，记录鲜活的执法案例，从文字、视频等多角度产生报道，发掘典型案例，以案释法，

> **媒体联合执法报道注意事项：**
> - 媒体联合执法的目的是促进执法程序透明化，通过案例普法，提高场所经营者的法律依从度。
> - 避免仅对违法现象进行描述，把重点放在如何处罚、如何改善此类问题、鼓励公众监督等。

将枯燥的执法数据变为生动的故事，让公众切实感受到执法工作常抓常新。

4. 信息监测及危机处理

在无烟立法实施后，要特别注重信息的监测，尤其是社交媒体平台上的信息监测。通过信息监测，对公众的询问及时回应，让公众对全面无烟法规的实施充满责任感和参与感；对可能存在的执法漏洞及时处理，让场所经营管理者意识到法规的严肃性，从而避免发酵成负面新闻；对突发事件，第一时间做好应对。积极看待可能出现的重大负面新闻，如"公众人物在禁烟场所吸烟""某些特权部门抗拒执法"等，争取转"危"为"机"，公众

对此类事件的关注通常提供了再次普法宣传的契机,应全程记录,公开执法部门的行动和处罚结果等,并在事后对此类事件的发生进行总结和复盘,再次强调无烟法规的核心条款,避免类似事件伤害公众对无烟法规的信心。

5. 积极营造公众参与执法的社会氛围

无烟法规的良好执行有赖于全社会的共同参与,在无烟法规施行后,伴随着重要的时间节点,如法规实施周年纪念日、世界无烟日,策划活动,反映公众、场所经营者、志愿者等不同人群为无烟城市所付出的积极行动和对无烟法规执行的正面评价,可以通过街头采访、问卷调查的方式询问公众对无烟法规执行的满意度,了解公众对无烟立法施行后的主观感受,期待改进之处。避免造成"无烟法规的施行主要靠执法"的错觉。

6. 法规实施的同时,适时开展鼓励公众戒烟的宣传活动

随着无烟法规的有效执行,室内公共场所全面禁烟会让吸烟的行为变得越来越不方便,有助于提高吸烟者的戒烟意愿,并为戒烟者创造良好的社会环境,在持续宣传本地无烟法规执法现状的基础上,针对重点人群开展烟草危害宣传,策划针对不同人群的戒烟活动,推广戒烟热线或根据本地情况推广戒烟门诊。

(三) 可用的宣传素材

1. 图文类素材(表 5-1)。

表 5-1 图文类素材

材料名称	材料说明	版权说明
海报及人形立牌:感谢你不吸烟	不同群体表达对吸烟者遵守无烟立法的感谢,包含海报设计源文件及使用说明	免费版权,不需要授权协议,仅须向中国疾控中心控烟办备案使用主体和目的即可获得授权版权所有:世界卫生组织驻华代表处和无烟草青少年行动基金。原则上不建议修改主体内容和落款。如须修改,须告知版权所有方修改内容并征求同意
海报:健康是我的权利	鼓励公众在无烟法规生效后,勇于对室内违法吸烟现象说不,主动劝阻违法吸烟行为,包含海报源文件及使用说明	免费版权,不需要授权协议,仅须向中国疾控中心控烟办备案使用主体和目的即可获得授权版权所有:世界卫生组织驻华代表处和无烟草青少年行动基金。原则上不建议修改主体内容和落款。如须修改,须告知版权所有方修改内容并征求同意

2. 视频类素材(表 5-2)。

表 5-2 视频类素材

材料名称	材料说明	版权说明
视频:烟草危害广告宣传片	《感谢你不吸烟-无烟餐厅》:为《无烟餐厅》姊妹篇,普及二手烟和吸烟危害的同时,通过对比某一城市实施无烟立法前后餐厅空气的改变,突出无烟立法为城市带来的健康益处,强调室内无烟立法被有效执行 《儿童篇-无烟城市版》:以家庭为场景,普及二手烟危害,突出二手烟同样致命的知识;并通过孩子影响吸烟父母,倡导无烟法规实施后,创建无烟家庭环境的重要性 《烟草正吞噬孩子的生命》:普及二手烟对于孩子的危害,包括耳道感染、哮喘、肺炎以及新生儿体重偏低等具体疾病与二手烟的关联,教育公众严格遵守无烟法规 《烟草正吞噬你的生命》:普及吸烟危害,通过展示吸烟引起各个器官疾病,突出吸烟的危害,教育公众严格遵守无烟法规	免费版权,不需要授权协议,仅须向中国疾控中心控烟办报备使用主体和目的即可获得授权,可以根据需要修改落款单位和调整结尾信息

材料名称	材料说明	版权说明
	《烟草受害者》系列视频:本系列广告片均来自烟草受害者真实个人经历分享(包括北京电视台知名主持人),通过现身说法形式普及吸烟或二手烟带来的危害,支持室内公共场所全面禁烟的有效执行	

3. 手册工具类素材(表5-3)。

表5-3　手册工具类素材

材料名称	材料说明	版权说明
戒烟宣传材料	《帮你戒烟》宣传册及展板,宣传戒烟好处、戒烟方法等; 戒烟门诊展板及折页,宣传烟草危害、戒烟好处、戒烟门诊等	不需要授权协议,仅须向中国疾控中心控烟办报备使用主体和目的即可获得授权 版权所有:中国疾控中心控烟办公室。如须修改,须告知版权方修改内容并征求同意。原则上不建议修改主体内容和落款,可增加落款单位

4. 案例参考(表5-4)。

表5-4　宣传素材案例

材料名称	主要内容	版权说明
视频:感谢你不吸烟	不同群体表达《北京市控制吸烟条例》施行后对室内全面禁烟环境的支持和喜爱,以及对吸烟者遵守无烟立法的感谢	版权所有:世界卫生组织驻华代表处、无烟草青少年行动基金和北京市控制吸烟协会。原则上不建议修改主体内容和落款。如须引用视频片段,需告知版权所有方修改内容并征求同意
议程设置和新闻热点追踪助力北京执法后的常态宣传	梳理无烟北京5年来主要媒体事件和可供借鉴的宣传策略,为各地执法后宣传提供创意和思路	版权所有:北京市控制吸烟协会。不得修改主体内容,主体内容和其中案例可引用

（四）不定期发布控烟执法常规数据

常规数据的发布不仅可以证明无烟法规的执行有序推进，还能够帮助执法部门发现执法中存在的问题，掌握公众关切的场所，从而明确下一阶段的执法重点。

（五）关键节点发布执法情况报告

法规生效后重要的时间节点，发布实施效果评估数据，说明无烟法规给社会环境带来的改变，可以增强公众对法规有效执行的信心。重要节点主要包括无烟法规生效后几周年、本年度或三个月等。指标包括支持率、室内场所 $PM_{2.5}$ 浓度、禁烟场所二手烟暴露情况等。

（六）联合媒体现场直播推动执法工作

执法部门和媒体合作开展联合执法，有条件可以现场直播，对典型案例有效传播，使普法更具有针对性、实用性和鲜活性。

（七）控烟突发事件需要及时处理

加大信息监测力度，及时处理控烟相关突发事件，例如：明星违法吸烟案例、劝阻吸烟被打案例等，引导民意和民情，借势推动控烟普法工作。

　　2020 年,杭州一家网红饭店因为容许顾客吸烟而登上热搜,杭州市控烟办抓住时机,第一时间协调市场监督部门介入,并以此为契机,引导市民关注餐饮、住宿和娱乐场所等的控烟问题,推进这些限制吸烟场所提前完成过渡期,最终为《杭州市公共场所控制吸烟条例》实现全面无烟起到了良好助推作用。

(八) 利用媒体推动全社会参与控烟执法工作

　　控烟法规的有效实施,仅仅依靠执法部门是远远不够的,需要全社会的积极参与,广泛宣传,公众应该从自身做起,包括吸烟者不在禁烟场所吸烟,对违法吸烟行为敢于进行劝阻,及时举报违法吸烟行为等,营造全社会参与的"社会共治"的控烟氛围。

(九) 开展引导戒烟需求的宣传

　　随着无烟法规的有效实施,有些吸烟者会产生戒烟意愿并采取行动。应针对戒烟需求开展宣传,具体包括宣传鼓励戒烟及使用戒烟门诊、戒烟热线等戒烟服务设施,为有戒烟意愿者提供良好的社会支持环境。

附　件

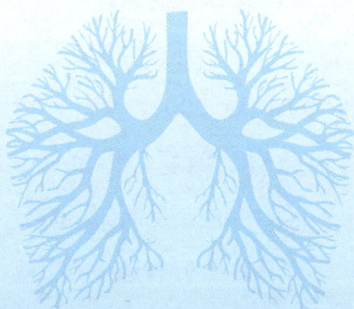

附件一:控烟立法可行性报告(模板)

一、控烟立法的必要性

(一) 吸烟率高,烟草烟雾造成的社会危害巨大

烟草烟雾危害是目前人类健康的最大威胁之一,烟草烟雾中含有 7 000 多种化学物质、200 多种有害物质和至少 69 种致癌物,世界卫生组织已确认烟草是导致人类死亡的第二大主要死因。根据 2024 年的中国成人烟草调查,我国吸烟人数众多,吸烟和二手烟暴露现象十分普遍。现有吸烟人数高达 3 亿多,15 岁以上人群吸烟率达 23.2%(2018 年为 24.1%),我国人群吸烟率仍处于高位,其中男性吸烟率高达 43.9%(2022 年为 45.3%),是全球男性吸烟率最高的国家之一。青少年吸烟状况同样不容乐观,根据《2023 年中国青少年烟草调查报告》,中学生现在吸烟率为 4.2%,其中 66.8% 的学生尝试吸烟行为发生在 13 岁之前。7.4 亿非吸烟者遭受二手烟危害。54.5% 的中学生在家、室内公共场所、室外公共场所或者公共交通工具中暴露于二手烟。每年死于吸烟相关疾病的人数超过 100 万,超过因艾滋病、结核、疟疾和伤害所导致的死亡人数之和。吸烟和二手烟暴露导致的疾病主要是慢性病,其患病率很高,病程较长,给国

家造成沉重的疾病负担和经济损失,既是对医疗服务和医疗保障体系的艰难考验,也是影响国家长远发展的严峻挑战。

为有效遏制烟草带来的危害,2003 年我国签署了世界卫生组织《公约》,于 2006 年 1 月 9 日在我国生效。《公约》第八条规定,缔约国应采取立法、行政等措施,确保在室内公共场所、室内工作场所、公共交通工具和必要的室外场所全面禁止吸烟。

(二) 控烟立法是落实《中华人民共和国宪法》和有关规划精神的要求

我国宪法为保护公民生命健康权提供了根本的法律基础。烟草烟雾作为严重危害健康危险因素,应当受到严格限制。国民经济和社会发展"十二五"规划纲要、卫生"十二五"规划和控烟"十二五"规划均明确提出了全面推行公共场所禁烟。《"健康中国 2030"规划纲要》将控烟工作摆在非常重要的地位,明确到 2030 年人群吸烟率降到 20% 以下,《健康中国行动(2019—2030 年)》明确到 2030 年"全面无烟法规"保护人口的比例达到80% 及以上。2021 年 12 月全国爱卫会颁布《国家卫生城镇评审管理办法》《国家卫生城市和国家卫生县标准》和《国家卫生乡镇标准》,要求国家卫生城市和国家卫生县需要出台全面无烟法律法规规定,以逐步实现室内公共场所、工作场所和公共交通工具全面禁烟,并赋予了一定的分值,没有全面无烟法规或法规没有达到全面无烟的目标,不得分。为了实现该目标,控烟立法并有效实施是必不可少的有效措施和手段。控制烟草流行,是落实《中华人民共和国宪法》和国家规划的要求,也是深化医改的重要内容。这些都为控烟行动提供了良好的政策基础、民意基础和实践基础。

经过多年努力,我国控烟工作已形成良性发展氛围。一是包括《"健康中国 2030"规划纲要》和《健康中国行动(2019—2030 年)》在内的多个文件都将控烟工作摆在非常重要的地位,形成了比较好的政策基础。二是多年来各界开展的大量控烟工作、控烟宣传及倡导行动,为深入控烟建立了民意基础。三是大型无烟赛事、地方公共场所控制吸烟立法和执法活动、爱国卫生运动、创建无烟环境行动等为全面无烟法规的出台奠定了实践基础。同时,《公约》为控烟工作提供了技术支持和保障。

二、控烟立法的可行性

(一)国际控烟立法和执法成功经验

2003 年 5 月 21 日,第五十六届世界卫生大会一致通过了《公约》,很快它就成为全球范围内获得最广泛接受的国际公约。截至 2025 年 5 月 31 日,已在 183 个国家和地区生效。《公约》的通过对于全球公共卫生是一个划时代的事件,影响着未来发展。《公约》第八条-防止接触烟草烟雾明确规定:"各缔约方承认科学已明确证实接触烟草烟雾会造成死亡、疾病和功能丧失。每一缔约方应在国家法律规定的现有国家管辖范围内采取和实行,并在其他司法管辖权限内积极促进采取和实行有效的立法、实施、行政和/或其他措施,以防止在室内工作场所、公共交通工具、室内公共场所,适当时,包括其他公共场所接触烟草烟雾。"

在《公约》的影响下,全球范围内很快就掀起了一股无烟立法的新浪潮。很多国家和地区,开始按照《公约》的要求立法或修订原有立法,推行更为严格的公共场所禁烟措施,实现室内公共场所、室内工作场所和公共交通工具内全面无烟的国家和地区日渐增多,截至 2021 年底,有 77 个国家和地区实施"全面无烟法规"。

法律的有效实施取得了显著的效果。第一个实现全面无烟国家的爱尔兰全国成人人群吸烟率已降到了 20% 以下。土耳其自 1987 年开始着手开展烟草控制活动,但土耳其男性的吸烟率仍非常高,数据显示,1993 年为 57.8%,2003 年为 52.9%,2006 年为 50.6%。生育期女性(15~49 岁)吸烟率呈上升趋势,调查显示,15~49 岁女性吸烟流行在 1993 年(18%)至 2003 年(28%)的十年间有显著的上升。2008 年 1 月,新修订的《烟草产品危害预防与控制法》生效,该法基本符合《公约》第八条及其实施准则方面的要求,即在所有的室内公共场所、室内工作场所和公共交通工具内禁止吸烟。土耳其政府非常重视控烟和法律的执行工作,采取有效的办法,调动了所有执法部门的积极性,加强宣传,使土耳其公众对法律依从性达到了极高的水平,法律的实施取得了积极的效果。

全球成人烟草调查结果显示,2007 年,15 岁及以上人群吸烟率为 22.8%,2021 年下降到了 17.0%(男性 41.5%,女性 13.1%);有 74 个国家实施了全面无烟法规;更多的吸烟者打算戒烟,打算戒烟的现在吸烟者由 2008 年的 46.3% 上升到 2018 年的 60%。此外,由于严格的执法和开展广泛的控烟行动,2023 年底,中国香港特别行政区的成人吸烟率已降到了 9.1%,因为积极控烟,香港特别行政区的人群预期寿命已经达到全球所有国家和地区中的最高。

（二）国内控烟立法和执法的工作基础

1. 各地立法实践和无烟环境创建为出台"全面无烟法规"打下基础

2006年以来，已有北京、上海、深圳、青岛、兰州、长春、秦皇岛等城市实施了符合"全面无烟法规"要求的控烟立法并积极开展控烟执法行动，也有部分地方通过立法或修订地方《爱国卫生条例》或《文明行为促进条例》，明确"室内公共场所、室内工作场所和公共交通工具内全面禁烟"。多地开展了无烟卫生健康系统、无烟学校、无烟机关、无烟企业等形式多样、各具特色的无烟环境创建工作，为"全面无烟法规"的立法和执法提供了实践经验。据调查，无论是吸烟者还是被动吸烟者，支持出台"全面无烟法规"的比例都非常高。支持出台"全面无烟法规"的社会氛围基本形成。

2. 积极推进控烟执法行动，效果逐步体现

一是大部分城市能够积极开展执法行动。城市控烟法规生效后，大部分城市政府都展现出执法为民的政治意愿，在执法机制建设、执法人员配备、控烟执法与宣传等方面给予了经费及其他有力支持。北京、上海、深圳、杭州、西安、秦皇岛等城市都能够积极开展执法检查活动，对违法场所和个人果断处罚，树立了权威。中共中央办公厅、国务院办公厅《关于领导干部带头在公共场所禁烟有关事项的通知》发布后，多个城市开展了对政府机关办公场所的控烟执法工作，取得了积极的成果。

二是城市控烟执法的效果正在逐步体现。控烟立法和执法获得了广泛的公众支持。《上海市公共场所控制吸烟条例》2017年3月1日修订后,上海控烟的执法效率显著提升,市民对室内全面禁烟的支持率在99%以上;各类场所吸烟发生率显著下降;禁烟场所对违规吸烟行为劝阻比例大幅提高;逾八成受访市民表示愿意积极参与控烟。《健康上海行动(2019—2030年)》明确提出到2030年上海市成年人吸烟率降低到18%以下。根据上海市卫生健康委的研究,在所有的省级层面,上海市民是预期寿命最长的,最主要的原因是积极控烟,有效实施《上海市公共场所控制吸烟条例》。

2015年6月1日,《北京市控制吸烟条例》生效,经过近10年的实施,北京市控烟执法工作取得了显著效果。北京市成人吸烟率持续下降,由控烟法规实施前的23.4%下降至2025年5月的19.2%,吸烟人数明显减少。

三、控烟立法需要说明的几个问题

(一) 充分理解"全面无烟法规"的内涵

"全面无烟法规"的内涵就是在控烟立法过程中,以确保室内公共场所、室内工作场所和公共交通工具全面无烟为最终目标。明确二手烟草烟雾没有所谓的"安全暴露"水平。全面无烟环境之外的任何方法包括通风、空气过滤和指定吸烟区都是无效的。不允许在禁烟场所设立吸烟室或吸烟区。

例如,《上海市公共场所控制吸烟条例》第六条,《北京市控制吸烟条例》第九条规定:公共场所、工作场所的室内区域以及公共交通工具内禁止吸烟。

(二)"全面无烟法规"应提供普遍保护的义务

普遍保护原则是指所有人都应受到保护,以免接触烟草烟雾。应确保在所有室内工作场所、室内公共场所、公共交通工具和其他可能的(室外或准室外)公共场所免于接触二手烟草烟雾。以保证所有人避免接触烟草烟雾(包括电子烟的烟草烟雾)。体现"平等""公平"原则。全面无烟立法应对所有人提出同样的要求,不分职位、行业,包括领导的单人办公室也不能例外豁免。立法保护政府公务员,也同样保护餐馆服务员;保护领导和高管,也保护办事员和保洁员;保护城市居民,也保护农村地区的居民。

例如,《深圳经济特区控制吸烟条例》第四十四条修改为,本条例中下列用语的含义:(一)吸烟,是指使用电子烟、持有点燃或者加热不燃烧的其他烟草制品。

《北京市控制吸烟条例》第二条:本条例适用于本市行政区域内控制吸烟工作。

(三)为法律的有效实施应明确的几个部分

1. 明确执法主体

执法工作可以由单一部门为主完成,也可由多个部门联合完成。

相对于多部门联合执法的模式,单一部门为主执法的优势在于可以更有效地调动执法人员的积极性,能够更及时发现并解决执法中出现的问题,同时也更易于统一执法标准,调动执法人员的执法热情,有利于执法人员的管理。

但组建一支独立的执法队伍承担控烟执法工作,需要政府在人力、物力方面较大的投入。中国香港、澳门地区均组建了单独的执法队伍承担执法工作,取得了很好的效果。香港法例第371章《吸烟(公共卫生)条例》规定香港控烟督察(近100人)为条例的执法主体。香港的警务处、房屋署、康乐及文化事务署等部门作为执法的有效补充,执法工作以香港的控烟督察为主完成。但是目前内地城市控烟执法还没有采用这个模式。

多个城市采用了由一支现有的执法队伍为主的单一部门的执法模式,例如北京、长春、秦皇岛等,取得了很好的执法效果。但是在实际工作中也存在执法力量不足、禁烟场所的执法力度不够、执法部门工作量繁重等问题。

相比之下,多部门联合执法的模式较好地解决了人员配置的问题,不同的执法部门可以利用现有的执法队伍来承担不同场所的执法工作。但如何调动多部门的积极性来参与执法工作是多部门联合执法的主要问题。卫生部门以外的执法机构对于控烟法律法规的理解和对于其重要性的认识会有所不同,而控烟执法在各部门执法工作中的优先地位也会受到影响。因此,需要设立一个协调机制来协调多部门执法。该协调机制必须具有调动、协调多部门合作、配合的能力,以确保全面无烟环境法律的有效执行。

2. 指明执法主体的职权

执法主体的职权应包括:进入场所检查权、搜集证据的权力、获得协助的权力和行政处罚的权力。例如,香港法例第371章《吸烟(公共卫生)条例》赋予督察进入违法场所、检查涉及违法的物件、要求违法者提供其姓名和出示身份证明文件、要求任何人提供合理所需的协助或资料以及其他权力与职责。

《北京市控制吸烟条例》第二十二条明确规定,市和区卫生健康部门依法开展控制吸烟卫生监督管理工作,有权进入相关场所并向有关单位和个人进行调查核实,有权查看相关场所的监控、监测、公共安全图像信息等证据材料。有关单位和个人应当协助配合并如实反映情况。

3. 考虑与相关法律法规的衔接

控烟立法和执法应与有关法律相衔接,避免发生冲突。

例如,《互联网上网服务营业场所管理条例》第二十四条规定,互联网上网服务营业场所经营单位应当禁止吸烟并悬挂禁止吸烟标志……控烟法律应明确互联网上网服务营业场所内全面禁烟,而不应排除在控烟法律之外;《中华人民共和国消防法》第二十一条规定,禁止在具有火灾、爆炸危险的场所吸烟、使用明火。因此,在有关场所应明确禁烟。《中华人民共和国未成年人保护法》第五十九条规定,学校、幼儿园周边不得设置烟、酒、彩票销售网点。禁止向未成年人销售烟、酒、彩票或者兑付彩票奖金。烟、酒和彩票经营者应当在显著位置设置不向未成年人销售烟、酒或者彩票的标志;对难以判明是否是未成年人的,应当要求其出示身份证件。任何人不得在学校、幼儿园和其他未成年人集中活动的公共场所吸烟、饮酒。

4. 规定执法和监督模式

将定期执法检查与有针对性执法检查相结合。建立奖惩制度。设立监督员,公布举报电话和投诉细节。例如:在乌拉圭,卫生部的监察机构负责执法,检查的结果在统一的在线系统公布,用于监测法律的遵守情况。在中国香港,卫生署控烟办采取一系列措施来保证执法的有效性,包括:①开设 24 小时投诉热线;②巡查与宣传教育同步进行;③对执法人员加强培训和指引;④跨部门合作,采取联合巡查行动,建立了通畅的执行机制。《北京市控制吸烟条例》第十六条规定,市卫生健康部门应当公布吸烟违法行为投诉举报电话;对投诉举报的违法行为,市或者区卫生健康部门应当及时处理,进行投诉举报及处理情况登记。部分城市的最新立法均将投诉举报电话号码在控烟法规中明确列出。

(四) 规定场所经营管理者的法律义务

1. 场所经营管理者负责本场所的禁烟监督与检查

目前国内外的无烟立法多采用由场所经营管理者负责本场所禁烟监督的做法。确立场所经营管理者的责任可以使法律实施的效率大大提高,所需的执法队伍的规模也相应大幅精简。

2. 场所经营管理者的法律义务

(1) 在入口处和其他醒目位置张贴禁止吸烟的明确标示。

(2) 在无烟场所不设烟具(如烟灰缸、打火机等)。

(3) 设立监督员并由监督员负责监督场所内法律的遵守情况。

(4) 对在无烟场所吸烟的个人进行劝阻或请其到室外吸烟;遇到不听从劝阻的情况时,向执法机构举报。

《上海市公共场所控制吸烟条例》规定,禁止吸烟场所所在单位应建立禁烟管理制度、设置统一的禁止吸烟标识和监管部门电话、不设置与吸烟有关的器具、阻止违法吸烟者吸烟或者劝其离开该场所。

《哈尔滨市防止二手烟草烟雾危害条例》第九条规定，禁止吸烟场所的经营者或者管理者应当履行下列职责：建立禁止吸烟管理制度，并在醒目位置设置统一的禁止吸烟标识和有关行政管理部门举报、投诉电话；禁止吸烟场所内部设置与吸烟有关的器具；对在禁止吸烟的场所内吸烟的，劝其停止吸烟；对不听劝阻的，要求其离开该场所；对不听劝阻且不离开该场所的，向有关行政管理部门举报、投诉；对不听劝阻并影响公共秩序的，向公安机关报案。

《北京市控制吸烟条例》第十三条规定，禁止吸烟场所的经营者、管理者负有下列责任：建立禁止吸烟管理制度，做好宣传教育工作；在禁止吸烟场所设置明显的禁止吸烟标志和举报投诉电话号码标识；不得在禁止吸烟场所提供烟具和附有烟草广告的物品；开展禁止吸烟检查工作，制作并留存相关记录；对在禁止吸烟场所内的吸烟者予以劝阻，对不听劝阻的要求其离开；对不听劝阻且不离开的，向卫生健康部门投诉举报。

禁止吸烟场所的经营者、管理者可以利用烟雾报警、浓度监测、视频图像采集等技术手段监控吸烟行为，加强对禁止吸烟场所的管理。

《深圳经济特区控制吸烟条例》第十条规定，禁止吸烟场所的经营者和管理者应当履行下列职责：建立禁止吸烟的管理制度，开展控烟宣传教育，并配备控烟检查员；不得配置与吸烟有关的器具或者附有烟草广告的物品；在禁止吸烟场所的入口及其他显著位置设置禁止吸烟标识和监督投诉电话;对在禁止吸烟场所吸烟的,场所工作人员应当要求其熄灭点燃的烟草制品;不熄灭的,应当劝其离开;不服从劝阻且不离开该场所的,应当向有关部门报告。

香港法例第371章《吸烟(公共卫生)条例》规定,禁止吸烟区的任何管理人或任何获该管理人就此授权的人,可采取一系列步骤:要求违法吸烟者将燃着的卷烟、雪茄或烟斗弄熄;如该人没有停止有关吸烟行为,可要求该人提供其姓名及地址、出示身份证明文件及离开禁止吸烟区;如该人未按要求提供姓名及地址,以及出示身份证明文件或离开禁止吸烟区,可在有需要时使用合理武力将该人逐出禁止吸烟区并将其扣留,并召唤警务人员协助强制执行本条的规定。

(五) 界定违法行为和设立处罚措施

1. 界定违法行为

吸烟者个人的违法行为应包括:在禁止吸烟的场所吸烟;不听从场所经营管理者和执法人员的劝阻;阻碍执法人员执法等。

场所经营管理者的违法行为应包括:未按法律规定张贴禁烟标识及举报电话等;在禁烟场所摆设烟具;未按法律规定设置控烟监督员;未对违法吸烟者施行劝阻义务;阻碍执法人员执法等。如法律文本中包括关于禁止烟草广告和禁止烟草销售的规定,则场所经营管理者的义务范围亦须相应扩大。

2. 实行双罚制

目前国内的地方立法多采用此做法。如在无烟场所发现违法吸烟的现象,执法人员须处罚违法吸烟者。如场所经营管理者未按法律规定对吸烟者进行劝阻,执法人员也要对其实施处罚。对场所经营管理者的处罚应重于对吸烟者的处罚。

3. 处罚应足以威慑违法行为

(1)处罚数额应足够大,以有效威慑违法行为,但应综合考虑可操作性和当地的经济发展情况。

(2)对多次违法者加重处罚。如:《上海市公共场所控制吸烟条例》和《哈尔滨市防止二手烟草烟雾危害条例》都对场所经营管理者违反条例规定的,根据情节轻重实施不同的处罚。对情节严重的处以一万元以上三万元以下的罚款。

(3)建议对个人及场所违法行为进行劝阻或责令改正后进行直接处罚,在法条上可以明确:责令改正后,可处××元罚款。于2010年9月1日开始实施的《广州市控制吸烟条例》规定,执法人员对于违法者须先警告,责令其改正,对于拒不改正的,才处以罚款。该法律实施一年后,执法人员发现,几乎没有违法者在受到警告后仍然拒不改正,但是在执法人员离开后却存在大量继续吸烟的现象。同时,这种程序取证和执法的过程也很复杂,人员流动性很大,处理起来非常难。这种只处罚拒不改正的违法者的规定造成法律实施一年后罚单很少,法律应有的威慑力也随之降低。因此,广州市人大于2012年开启了修改《广州市控制吸烟条例》的程序,并于2012年6月19日颁布了《广州市人民代表大会常务委员会关于修改〈广州市控制吸烟条例〉的决定》,将第二十六条修改为:"违反本条例第十一条规定,由本条例第三条第二款规定的相关行政管理部门或者本条例第三条第五款规定的单位对违法吸烟者责令立即改正,并处以五十元的罚款。"赋予执法人员发现违法行为即罚款的权利。《北京市控制吸烟条例》第二十五条规定:个人违反本条例第十四条规定,在禁止吸烟场所或者排队等候队伍中吸烟的,由市或者区卫生健康部门责令改正,可以处 50 元罚款;拒不改正的,处 200 元罚款。赋予了执法人员发现违法行为即罚款的权利,同时也给予了执法人员灵活处理违法吸烟行为的法律依据。

4. 注重多种处罚形式相结合

针对屡次违法的单位,除了罚款之外,还可根据相关法律,规定其他行政处罚措施,例如暂扣或吊销执照。《墨西哥保护联邦地区非吸烟者健康法》规定了四种行政处罚的形式:罚款、暂停营业、停止营业、36 小时的监禁。

附件二:控制吸烟条例参考范本

××市控制吸烟条例参考范本

条例内容	立法说明、依据及参考
第一条【立法目的】 为了消除和减少吸烟造成的危害,保障公众健康,创造良好的卫生环境,提高社会文明程度,根据《中华人民共和国宪法》和有关法律、行政法规,结合本市实际,制定本条例	**说明:**本条旨在阐述立法的宗旨以及立法的依据。 立法的宗旨包括:消除和减少吸烟造成的危害;保障公众身体健康;创造良好的卫生环境,提高城市文明水平。 2006年1月,世界卫生组织《公约》在我国生效,之后许多城市诸如深圳、北京、上海、杭州、青岛、秦皇岛等都制定或修订了自己的控烟条例,努力向《公约》的要求靠近,以求最大限度保护公众免受烟草烟雾危害。《"健康中国2030"规划纲要》明确提出"全面推进控烟履约,加大控烟力度。"《健康中国行动(2019—2030年)》明确了到2030年全面无烟法规保护人口比例达到80%及以上的目标。《中华人民共和国基本医疗卫生与健康促进法》从法律层面上规定"国家采取措施,减少吸烟对公民健康的危害。" 这里使用了"吸烟"造成的危害,而没有使用"烟草烟雾"造成的危害,主要是考虑把电子烟或将来可能出现的其他形式的卷烟衍生品包括进去。 依据如下。 《中华人民共和国宪法》第五十一条规定,中华人民共和国公民在行使自由和权利的时候,不得损害国家的、社会的、集体的利益和其他公民的合法的自由和权利。 《中华人民共和国立法法》第八十一条规定,设区的市的人民代表大会及其常务委员会根据本市的具体情况和实际需要,在不同宪法、法律、行政法规和本省、自治区的地方性法规相抵触的前提下,可以对城乡建设与管理、生态文明建设、历史文化保护、基层治理等方面的事项制定地方性法

条例内容	立法说明、依据及参考
	规,法律对设区的市制定地方性法规的事项另有规定的,从其规定。设区的市的地方性法规须报省、自治区的人民代表大会常务委员会批准后施行。省、自治区的人民代表大会常务委员会对报请批准的地方性法规,应当对其合法性进行审查,认为同宪法、法律、行政法规和本省、自治区的地方性法规不抵触的,应当在四个月内予以批准。 《公约》:"第五条 一般义务 1. 每一缔约方应根据本公约及其作为缔约方的议定书,制定、实施、定期更新和审查国家多部门综合烟草控制战略、计划和规划。2. 为此目的,每一缔约方应根据其能力:(a)设立或加强并资助国家烟草控制协调机构或联络点;和(b)采取和实行有效的立法、实施、行政和/或其他措施并酌情与其他缔约方合作,以制定适当的政策,防止和减少烟草消费、尼古丁成瘾和接触烟草烟雾。" 《"健康中国 2030"规划纲要》第五章-第二节 开展控烟限酒 全面推进控烟履约,加大控烟力度,运用价格、税收、法律等手段提高控烟成效。深入开展控烟宣传教育。积极推进无烟环境建设,强化公共场所控烟监督执法。推进公共场所禁烟工作,逐步实现室内公共场所全面禁烟。领导干部要带头在公共场所禁烟,把党政机关建成无烟机关。强化戒烟服务。到 2030 年,15 岁以上人群吸烟率降低到 20%。加强限酒健康教育,控制酒精过度使用,减少酗酒。加强有害使用酒精监测。 《健康中国行动(2019—2030 年)》控烟行动。行动目标:到 2022 年和 2030 年,15 岁以上人群吸烟率分别低于 24.5% 和 20%;全面无烟法规保护的人口比例分别达到 30% 及以上和 80% 及以上;把各级党政机关建设成无烟机关,逐步在全国范围内实现室内公共场所、室内工作场所和公共交通工具全面禁烟;将违反有关法律法规向未成年人出售烟草的商家、发布烟草广告的企业和商家,纳入社会诚信体系"黑名单",依法依规实施联合惩戒。 《中华人民共和国基本医疗卫生与健康促进法》第七十八条 国家采取措施,减少吸烟对公民健康的危害。公共场所控制吸烟,强化监督执法。烟草制品包装应当印制带有说明吸烟危害的警示。禁止向未成年人出售烟酒。

条例内容	立法说明、依据及参考
	参考:上海、北京、深圳、兰州、秦皇岛、张家口、西安、武汉等城市控烟立法第一条。
第二条【适用范围】 本条例适用于本市行政区域内控制吸烟工作(以下简称控烟工作)。	**说明:**本条是关于本条例适用范围的规定。 对法律适用范围的规定应当是条例不可缺少的一项规定,因此,本条明确条例的适用范围是本市行政区域内,体现了公平和平等的原则。 **依据:**《中华人民共和国基本医疗卫生与健康促进法》《公共场所卫生管理条例实施细则》(卫生部令第80号)和部分城市控烟立法的相关规定。
第三条【工作原则】 本市控制吸烟工作坚持政府与社会共同治理、管理与自律相互结合,实行政府管理、单位负责、个人守法、社会监督的原则。	**说明:**本条是关于本条例开展工作的原则说明。 本条明确了开展控烟工作的基本工作理念和原则,包括两条工作理念,即:政府与社会共同治理、管理与自律相互结合;四项工作原则,即:政府牵头管理、单位场所负责、个人自觉守法、社会共同监督。在控烟工作中,为保护民众健康,社会各界应积极协助,在政府的统一领导下,践行全民共建共享共治的社会治理理念。控烟不只是某一政府部门的工作,而是全社会共同参与,以法治作为保障的社会治理。 **依据:**《国民经济和社会发展第十三个五年规划纲要》第十七篇,加强社会治理基础制度建设,构建全民共建共享的社会治理格局,提高社会治理能力和水平,实现社会充满活力、安定和谐。完善党委领导、政府主导、社会协同、公众参与、法治保障的社会治理体制,实现政府治理和社会调节、居民自治良性互动。 **参考:**北京、上海、西安、深圳、张家口、秦皇岛、武汉等城市控烟法规的有关规定。
第四条【政府保障】 市和区、县人民政府加强对控制吸烟工作的领导,将控制吸烟工作纳入国民经济和社会发展规划和政府绩效考核,保障控制吸烟工作的财政投入,推进控制	**说明:**本条明确规定了人民政府对控烟工作负有第一和最终责任。既从政治高度上要求将控烟纳入国民经济和社会发展规划,又从操作层面上将其纳入绩效考核避免使工作流于表面,并且规定政府应为控烟工作提供财政保障。同时,也有利于控烟和控烟执法工作的整体协调和推进。 将控烟工作纳入城市国民经济和社会发展规划,以财政预算保障控烟工作开展为控烟工作有序开展提供资金支持。将控烟工作作为政府绩效考核的内容是深圳控烟法规

条例内容	立法说明、依据及参考
吸烟工作体系建设。 本市将控制吸烟工作纳入全市群众性精神文明创建活动，并作为卫生单位、文明单位考核的内容。 广播、电视、报纸、网络等媒体应当开展控制吸烟的公益宣传，加强舆论监督。	的尝试，以此来督促政府各职能部门积极履行法规赋予的职责。而将控制吸烟工作纳入全市群众性精神文明创建活动是北京控烟立法中的尝试，实践中也起到了很好的作用。控烟工作可以配合当地文明城市、卫生城市的创建，并与精神文明创建工作形成互动与补充，完善城市文明建设。此外，控烟工作离不开新闻媒体的宣传和舆论监督，对于烟草危害和二手烟的危害需要贯穿法规制定和实施的全过程，而对法规条款的宣传也能最大限度地让民众知法守法，新闻媒体对法规的执行也能起到舆论监督的作用，有助于法规切实有效地落实。 **参考：** 《**深圳经济特区控制吸烟条例**》第四条第一款　市、区人民政府负责组织协调本行政区域内的控烟工作，将控烟工作纳入城市发展规划，并作为政府绩效考核的内容。 第五条　市、区人民政府应当组织开展多种形式的控烟宣传教育工作，使公众了解烟草烟雾的危害，倡导不吸烟的文明意识，积极营造无烟环境。 第六条　市、区人民政府应当对控烟的宣传教育、监督管理、行为干预、人员培训、科学研究和监测评估等工作所需经费予以保障。 第二十四条　报刊、广播、电视、通信和网络等有关媒体单位应当主动发挥舆论引导和监督作用，按照规定免费开展控烟公益宣传活动，发布控烟公益广告。 《**上海市公共场所控制吸烟条例**》第五条　市健康促进委员会应当组织开展多种形式的控烟宣传教育工作，使公众了解烟草烟雾及电子烟释放物的危害，增强全社会营造无烟环境的意识。 有关行政管理部门、人民团体以及学校、医院等单位应当定期开展烟草烟雾及电子烟释放物危害和控烟的宣传教育活动。 广播、影视、报刊、通信、网站等媒体应当开展吸烟和被动吸烟有害健康的公益宣传活动。 第十五条　控烟工作应当作为本市文明单位评比的内容之一。

条例内容	立法说明、依据及参考
	《北京市控制吸烟条例》第八条　本市将控制吸烟工作纳入全市群众性精神文明创建活动。 广播、电视、报纸、网络等新闻媒体应当开展控制吸烟的公益宣传,加强舆论监督。 《张家口市公共场所控制吸烟条例》第五条　市、县级人民政府应当将控制吸烟工作纳入国民经济和社会发展规划,所需经费列入财政预算,推进控制吸烟工作体系建设。 《秦皇岛市控制吸烟办法》第八条第三款　控制吸烟工作纳入爱国卫生先进单位考核内容。 第九条　广播、电视、报刊、网站等新闻媒体应当通过多种形式开展吸烟有害健康、烟草烟雾有害健康的宣传教育。 《西安市控制吸烟管理办法》第六条　控制吸烟监督管理工作所需经费,由市、区县人民政府,西咸新区及开发区管理委员会纳入财政预算,予以保障。 第八条　提倡和鼓励创建无烟单位。 控制吸烟工作应当作为评选本市文明单位的条件之一。
第五条【组织协调机构】 市和区、县爱国卫生运动委员会在本级人民政府领导下,负责本行政区域内控烟工作的组织和协调,指导、监督各部门、各行业的控烟工作,制定控烟工作的政策、措施,组织开展控烟工作宣传教育活动,组织社会组织和个人开展社会监督,监测、评估单位的控制吸烟工作并定期向社会公布,对在控制吸烟工作中作出突出贡献的单位和个人给予表彰、奖励。	**说明:** 本条对控烟工作管理体制作了规定。 本条第一款明确规定了由爱国卫生运动委员会作为控烟工作的管理主体,组织、协调、指导、监督各部门、各行业的控烟工作。 卫生行政部门从来都是公众健康的捍卫者和责任人,但是,控烟工作不能只由卫生行政部门一家独撑,必须有其他部门和机构的支持和配合。这种支持和配合,无论是采用单一部门为主的执法模式,还是采用多部门为主的执法模式,都是必不可少的。特别是在多部门为主的执法情况下,如果没有一个强有力的协调机构,容易出现群龙无首、各自为政、消极不作为、互相推诿等情况。 由谁来组织协调呢? 有的地方明确规定由某一个部门协调,有的地方含糊规定由政府或政府协调机构协调。实践证明,现有的爱国卫生运动委员会作为政府的议事协调机构,由几十个行政部门和机构组成,是胜任组织协调控烟工作的最佳选择。 规定由某一个行政部门例如卫生行政部门来组织、协调,因为与其他行政部门是同级部门,很难承担调动、组织、

条例内容	立法说明、依据及参考
爱国卫生运动委员会的日常办事机构设在同级卫生行政部门。 市爱国卫生运动委员会应当每年向社会公布本市控烟工作情况。	监督等控烟职能,因此,不建议采纳这种办法。是否采纳含糊规定由政府或政府协调机构来协调,取决于市政府是否有采取后续行动设置协调机构的行动力;如果因形势变更政府不能及时设置,可能会延误控烟工作的有效实施。 本条除了规定市爱卫会协调组织领导职责以外,还规定了表彰和奖励权。奖优评先手段的运用,将有助于激发出相关单位和人员积极主动参与控烟的热情,有利于控烟工作的有效开展。 本条第二款规定控烟协调机构的办事机构设在同级卫生行政部门。这既与现存体制相一致,也使得卫生行政部门在此后的控烟工作中,能够以爱卫会办公室的名义更好地发挥作用。《**国务院关于加强爱国卫生工作的决定**》中规定,全国和各级爱国卫生运动委员会是国务院和各级人民政府的非常设机构,负责统一领导、统筹协调全国和各地爱国卫生和防治疾病工作。它的主要任务是:拟定、组织贯彻国家和地方爱国卫生和防治疾病的方针、政策和措施;统筹协调国务院和各级人民政府的有关部门及社会各团体,发动广大群众,开展除四害、讲卫生、防治疾病活动;广泛进行健康教育,普及卫生知识,提高人口卫生素质;开展群众性卫生监督,不断改善城乡生产、生活环境的卫生质量;检查和进行卫生效果评价,提高人民健康水平,爱国卫生工作的基本方针和方法是:政府组织,地方负责,部门协调,群众动手,科学治理,社会监督。各级人民政府每年都要召开一两次会议,专门研究爱国卫生工作,特别要引起对社会卫生问题的足够重视,把医疗卫生工作的重点放在预防工作上。各有关部门要在爱卫会及其办事机构的协调下,做好工作。对于开展爱国卫生工作所需的人力、物力、财力,政府要给予应有的支持。 《**国务院关于进一步加强新时期爱国卫生工作的意见**》(**国发**〔2014〕66 号) 中规定:(三)落实控烟各项措施。积极开展控烟宣传教育,研究改进烟盒健康警语和标识,提高公众对烟草危害的正确认识,促进形成不吸烟、不敬烟、不劝烟的社会风气。各级领导干部要主动发挥带头表率作用,模范遵守公共场所禁烟规定。严格落实不向未成年人

条例内容	立法说明、依据及参考

售烟的有关法律规定,将青少年作为吸烟预防干预的重点人群,努力减少新增吸烟人群。开展戒烟咨询热线和戒烟门诊等服务,提高戒烟干预能力。认真履行《烟草控制框架公约》,全面推行公共场所禁烟,创建无烟医疗卫生机构、无烟学校、无烟单位,努力建设无烟环境。

《全国爱国卫生运动委员会关于印发全国爱国卫生运动委员会工作规则和成员单位职责分工的通知》(全爱卫发〔2023〕2号),附件1:全国爱国卫生运动委员会工作规则:三、工作方法。(一)成员单位按照工作职责分工负责,加强协调配合,明确工作任务,每年年初有计划,年终有总结。(二)广泛开展社会宣传,动员群众积极参与,表彰在爱国卫生工作中做出突出成绩的单位和个人。(三)坚持科学指导,建立健全专家咨询制度,完善多部门、多领域专家库。深入基层调查研究,及时总结推广适宜技术和典型经验。(四)组织开展爱国卫生工作效果评价,加强工作指导。研究制定工作规范和标准,拓宽和畅通社会监督渠道,推动各项工作规范开展。(五)遵循公正、公平、合法、便民的原则,及时、准确公开相关信息。及时通报各成员单位工作动态,反映各地区工作情况。

参考:《北京市控制吸烟条例》第五条 本市各级爱国卫生运动委员会在本级人民政府领导下,负责组织、协调、指导相关行政部门的控制吸烟工作,组织社会组织和个人开展社会监督,开展控制吸烟工作的宣传教育培训,监测、评估单位的控制吸烟工作并定期向社会公布,对在控制吸烟工作中作出突出贡献的单位和个人给予表彰、奖励。

《张家口市公共场所控制吸烟条例》第六条 各级爱国卫生运动委员会在本级人民政府领导下,负责组织、指导、协调相关行政部门的控制吸烟工作,组织开展控制吸烟工作的宣传、教育和实施的监测评估。

《上海市公共场所控制吸烟条例》第十二条 市和区健康促进委员会应当组织有关部门,加强对控烟工作的监测和评估。

市健康促进委员会应当每年向社会公布本市控烟工作情况。

条例内容	立法说明、依据及参考
第六条【部门职责】 **1. 多部门执法模式** 卫生、教育、文化旅游、民政、广电、体育、交通、市场监督管理、食药监督、公安、园林绿化、市政市容、房屋管理、商务、城市管理综合执法等相关行政部门按照各自职责，依据本条例和其他相关规定，在所管辖的行业或者领域内，开展控烟宣传教育及监督管理工作，受理违法吸烟的举报投诉，依法查处违法行为，并定期向社会公示查处情况。 **2. 单一部门为主执法模式** 市和区、县卫生行政部门是控烟工作的执法监督部门，负责受理违法吸烟的举报投诉，依法检查并查处违法行为，并定期向社会公示查处情况。 教育、文化旅游、民政、广电、体育、交通、市场监督管理、食药监督、公安、园林绿化、市政市容、房屋管理、商务、城市管理综合执法等相关行政部门按照各	**说明**：本条是关于行政机关的控烟职责的规定。 **【单一部门为主执法模式】**本条在规定由卫生行政一个部门承担执法责任时，也列举了其他相关的行政部门承担相关的指导和管理职责。这样的设置是非常重要的。首先，由单一行政部门为主执法，易于政府管理和调动，能保证执法监督的效率，但是，执法是事后救济，必须还要有其他行政部门的积极配合，对其管辖下的场所进行事前指导、督查。第二，仅仅依靠一个部门执法，特别是卫生健康行政部门执法，从执法力度、威慑性和执法人员数量等方面都不能满足控烟执法的需要。因此，单一部门为主执法模式，不是一家执法，更需要多部门的协同和配合。 **【多部门执法模式】**本条在规定由多部门分别承担对各自管辖场所进行检查执法时，主要基于以下考量：虽然从政府调动执法的角度来说，规定卫生部门一个部门进行执法更易于管理，但是，毕竟卫生行政部门执法队伍人员有限。设置多部门执法的好处在于，可以利用各行政部门现有的执法队伍，把控烟工作纳入他们现有的执法职责，不仅使执法队伍大于卫生行政部门一家，而且因为各部门自己的执法人员熟悉自己工作领域的场所和工作程序，把控烟纳入进去，相对来说易于并好于让卫生部门去新领域场所执法。当然，这样的设置也有相对不利的地方，控烟执法培训的工作量加大，要对各部门的执法人员进行控烟执法培训。同时，对于多部门进行协调、管理也是一项不容易的工作，需要建立有效的工作机制。 **参考：《深圳经济特区控制吸烟条例》第四条** 市、区人民政府负责组织协调本行政区域内的控烟工作，将控烟工作纳入城市发展规划，并作为政府绩效考核的内容。卫生健康主管部门是控烟工作的主管部门。教育、公安、交通运输、文化广电旅游体育、市场监督管理、城管和综合执法、口岸等相关部门按照规定职责，负责控烟监督管理工作。 **第三十一条** 卫生健康主管部门应当依法履行下列职责： （一）拟定并组织实施控烟工作规划； （二）统一组织、协调、指导、监测和评估控烟工作；

条例内容	立法说明、依据及参考
自职责,对本行业或者领域内的控制吸烟工作进行指导、管理,制定相关制度,开展宣传培训,定期组织监督检查。	(三)负责指导、协调、部署、组织开展控烟宣传和烟草危害的健康教育; (四)组织医疗卫生机构开展戒烟医疗服务、提供戒烟咨询和指导; (五)按照规定履行控烟监督管理与行政执法职责,但是本条例第三十二条规定的除外; (六)法律、法规规定的其他职责。 **《北京市控制吸烟条例》**第六条　市和区卫生健康部门是控制吸烟工作的主管部门,负责组织制定控制吸烟的政策、措施,开展控制吸烟的卫生监督管理,受理违法吸烟的举报投诉,依法查处违法行为,并定期向社会公示查处情况。 教育、文化和旅游、体育、交通、市场监督管理、公安、园林绿化、城市管理、烟草专卖等相关部门按照各自职责,对本行业或者领域内的控制吸烟工作进行监督管理,制定管理制度,开展宣传培训,组织监督检查。 **《上海市公共场所控制吸烟条例》(2023)**第四条　市和区健康促进委员会在本级人民政府领导下,负责本行政区域内控烟工作的组织和协调,指导、监督各部门、各行业的控烟工作,组织开展控烟工作宣传教育活动。健康促进委员会的日常办事机构设在同级卫生健康行政部门。 卫生健康行政部门是本市公共场所控烟工作的主管部门。 教育、文化旅游、体育、市场监管、交通、商务、公安、城管执法等行政管理部门按照本条例和其他相关规定,做好控烟监督管理工作。
第七条【乡镇街道职责】 乡镇人民政府和街道办事处按照属地管理原则,做好本辖区内的控制吸烟工作。 居民委员会、村民委员会应协助街道办事处、乡镇人民政府开展控制吸烟工作。	**说明:**本条是关于本市乡镇政府及街道办事处开展控烟工作的职责规定。 基层工作需要依靠基层政府加强属地管理,将本辖区内的控烟工作纳入其工作范围,切实担负主体责任,有助于控烟工作的有效落实。 **依据:**《健康中国行动(2019—2030年)》第三章第四节中提到:充分发挥居(村)委会的作用,协助控烟政策在辖区内得到落实。 **参考:**《北京市控制吸烟条例》第七条　乡镇人民政府

条例内容	立法说明、依据及参考
	和街道办事处按照属地管理原则,做好本辖区内的控制吸烟工作。
	《西安市控制吸烟管理办法》第四条第三款 镇人民政府和街道办事处按照属地管理原则,配合相关行政管理部门做好本辖区内的控制吸烟工作。
	《秦皇岛市控制吸烟办法》第七条 街道办事处、乡(镇)人民政府按照属地管理原则,配合做好所辖区域范围内的控制吸烟工作。
	《武汉市控制吸烟条例》第四条第三、四款 街道办事处、乡镇人民政府负责本辖区的控制吸烟工作。 居民委员会、村民委员会协助街道办事处、乡镇人民政府开展控制吸烟工作。
第八条【社会参与】 全社会都应当支持并做好控烟工作,形成不吸烟、不敬烟、不送烟的社会风尚。国家机关工作人员不在公务活动中吸烟,教师不在学生面前吸烟,医务人员不在患者面前吸烟。鼓励政府机关、企事业单位、社会团体和其他社会组织创建无烟机关、无烟单位、无烟家庭,为员工戒烟提供必要支持,营造无烟环境。 鼓励、支持志愿者组织、社会团队及其他社会组织和个人开展控制吸烟宣传教育、劝阻违法吸烟行为、组织开展社会监督、提供戒烟	**说明:**本条是关于社会参与控制吸烟工作的规定。 控烟工作需要坚持社会共治的理念,动员全社会参与其中,一起创建无烟环境,支持控烟工作。第一款是倡议性的规定,从控烟效果上来讲,在本条例中做出这样的倡议性规定,是非常有意义的。既向全社会昭示立法机关对于控烟的决心,对于公职人员和医生、教师的要求,也为各机关、机构要求本单位员工强化控烟工作提供依据。 第二款是关于志愿者的规定。社会团体及各类社会组织的参与对开展控烟工作的切实落实起到至关重要的作用,北京、上海、深圳等城市的经验均佐证了志愿者队伍和社会各界参与的重要性。通过各界的参与可以帮助政府做好宣传、倡导工作,让民众知法守法,帮助禁烟场所落实相应职责,化解社会矛盾以及开展社会监督,帮助政府相关部门有效落实法规。 **依据:《健康中国行动(2019—2030年)》第三章第四节** 鼓励企业、单位出台室内全面无烟规定,为员工营造无烟工作环境,为员工戒烟提供必要的支持。充分发挥居(村)委会的作用,协助控烟政策在辖区内得到落实。鼓励志愿服务组织、其他社会组织和个人通过各种形式参与控烟工作或者为控烟工作提供支持。 **参考:《北京市控制吸烟条例》第十八条** 全社会都应当支持控制吸烟工作。

続表

条例内容	立法说明、依据及参考
服务等活动。相关部门可以通过志愿者服务或购买服务等方式开展控烟工作。 每年5月31日世界无烟日开展主题宣传教育活动。	鼓励、支持志愿者组织、其他社会组织和个人开展控制吸烟宣传教育、劝阻违法吸烟行为、监督场所的经营者和管理者开展控制吸烟工作、提供戒烟服务等活动。 《**深圳经济特区控制吸烟条例**》第七条 鼓励、支持深圳市控制吸烟协会等社会组织、志愿者组织和个人通过各种形式，参与控烟工作或者为控烟工作提供帮助和支持。 有关部门可以通过志愿者服务或者购买服务等方式开展控烟工作。 《**上海市公共场所控制吸烟条例**》第十四条 全社会都应当参与控烟工作。 鼓励控烟志愿者组织、其他社会组织和个人开展控烟宣传教育活动，组织开展社会监督，为吸烟者提供戒烟帮助，对控烟工作提出意见和建议。 鼓励单位和个人通过"12345"市民服务热线或者相关行业监管热线，对违反本条例规定的行为进行举报。 《**西安市控制吸烟管理办法**》第二十三条 各控制吸烟监督管理部门可以聘请志愿者担任控烟监督员，对公共场所控制吸烟、烟草制品销售限制等情况进行监督检查。公共场所经营者、管理者或者烟草制品销售者应当予以配合。 鼓励媒体、社会组织和个人参与公共场所控制吸烟、烟草制品销售限制等工作的监督。 《**秦皇岛市控制吸烟办法**》第二十一条 控制吸烟监督管理部门可以聘请志愿者担任控烟义务监督员，对禁止吸烟场所和烟草制品销售场所进行监督检查。禁止吸烟场所的经营者、管理者和烟草制品销售者应当予以配合。 《**武汉市控制吸烟条例**》第五条 鼓励、支持志愿者组织、其他社会组织和个人开展控制吸烟宣传教育、劝阻违法吸烟行为等活动。鼓励、支持创建无烟单位，倡导无烟家庭，营造无烟环境。
第九条【单位责任】 政府机关、企事业单位、社会团体和其他社会组织应当将控制吸烟工作纳入本单位日常	**说明**：本条是关于各类单位控烟责任的规定。 本条规定，无论场所单位的性质如何，无论是政府机关还是企事业单位或者社会组织，各场所单位的一把手是该单位的控烟第一责任人。这就如同规定一个城市的控烟工作由政府领导一样，最高首长不能把控烟的终极责任推给下属。

条例内容	立法说明、依据及参考
管理,应当结合各自的特点开展多种形式的控烟宣传教育活动,并将控烟宣传教育纳入本单位初任培训、岗位培训、任职培训等教育培训活动,鼓励吸烟职工戒烟,及时制止违法吸烟行为,其法定代表人或者主要负责人是本单位控烟工作的第一责任人,全面负责本单位控烟工作。 政府机关、事业单位及其工作人员应当遵守控制吸烟的有关规定,带头履行控制吸烟的相关义务。机关事务管理机构应当对其所管理的办公及公共服务场所加强控烟宣传、教育和管理工作。	本条第二款单独把政府机关、事业单位拎出来说。政府机关及事业单位使用公共基金,在没有相关条例的情况下,都应该积极控烟,既保护公职人员的健康、更有效地为人民服务,亦为公众作出榜样,更何况在有相关条例的情况下,更应该带头守法。 **参考:**《上海市公共场所控制吸烟条例》第十一条 国家机关、事业单位及其工作人员应当遵守控烟有关规定,带头履行控制吸烟义务。市和区健康促进委员会应当定期开展控烟检查,通报控烟情况。 卫生健康、教育、文化旅游、体育、市场监管、交通、商务等有关行政管理部门以及相关行业协会应当将控烟工作纳入本系统、本行业日常管理。 《北京市控制吸烟条例》第十二条 国家机关、企事业单位、社会团体和其他社会组织应当将控制吸烟工作纳入本单位日常管理,依法划定禁止吸烟区域,制止违法吸烟和不文明吸烟行为;其法定代表人或者主要负责人负责本单位的控制吸烟工作。 鼓励国家机关、企事业单位、社会团体和其他社会组织自行实施全面禁烟。 《深圳经济特区控制吸烟条例》第十九条 鼓励场所经营者或者管理者制定本单位的内部控烟制度。鼓励行业协会和其他社会组织制定、实施本行业、本系统的控烟准则。 国家机关、事业单位应当模范遵守控烟有关规定,积极开展控烟工作。机关事务管理机构应当对其所管理的办公及公共服务场所加强控烟宣传、教育和管理工作。 《西安市控制吸烟管理办法》第七条 本市国家机关、企事业单位、社会团体和其他社会组织的法定代表人或者主要负责人是本单位控制吸烟工作的第一责任人,全面负责本单位控制吸烟工作。 控制吸烟场所的负责人应当对场所内的控制吸烟工作进行管理,配合相关行政管理部门做好本场所的控制吸烟监督管理工作。 《秦皇岛市控制吸烟办法》第八条 国家工作人员、社会公众人物等应当发挥示范表率作用带头不吸烟。

条例内容	立法说明、依据及参考
	机关、企事业单位、社会团体和其他社会组织,其法定代表人或者主要负责人是本单位控制吸烟工作的第一责任人,定期向卫生健康行政主管部门报告本单位的控制吸烟工作情况。 控制吸烟工作纳入爱国卫生先进单位考核内容。 **《张家口市公共场所控制吸烟条例》第八条** 国家机关、企事业单位、社会团体和其他社会组织应当将控制吸烟工作纳入本单位日常管理,其法定代表人或者主要负责人负责本单位的控制吸烟工作。 国家工作人员、社会公众人物等应当在公共场所发挥示范表率作用带头不吸烟。 **《武汉市控制吸烟条例》第十条** 国家机关、企事业单位、社会团体和其他社会组织应当将控制吸烟工作纳入本单位日常管理,其法定代表人或者主要负责人为本单位控制吸烟工作的第一责任人。 国家机关、事业单位、人民团体及其主要负责人和其他工作人员应当带头遵守控制吸烟规定,履行控制吸烟义务。
第十条【室内禁烟场所】 室内公共场所、室内工作场所和公共交通工具内禁止吸烟。	**说明:**本条是关于室内禁烟场所的规定。 本条第一款明确了室内公共场所、室内工作场所、公共交通工具内禁止吸烟,同时,为了避免"室内"这一术语产生歧义,在第三款中对何谓"室内"进行了定义。室内公共场所、室内工作场所以及公共交通工具禁止吸烟是《公约》第八条的明确规定。由于我国已经加入该公约并且已经生效,因而,我国的地方政府在立法中同样应当遵守公约规定。 需要特别说明的是,对于室内禁止吸烟的场所,不采取列举方式,而是采取概括规定加定义的方式。以列举方式规定控烟范围难免出现挂一漏万的情况,而且由于列举的项目太多,无论是社会公众还是执法者都难以记住众多的项目,因而也不利于法律的遵守和执行。近年的地方立法多采取这种方式,例如,深圳、北京、上海、西安、武汉。 第二款中关于"室内"的定义,在参考了《公约》第8条实施准则的基础上,又列举了容易产生争议的部分区域,包括走廊、地下通道、楼梯间,以尽力保证定义的科学性与准确性。

条例内容	立法说明、依据及参考
	依据:《公约》第八条　防止接触烟草烟雾　各缔约方承认科学已明确证实接触烟草烟雾会造成死亡、疾病和功能丧失。 每一缔约方应在国家法律规定的现有国家管辖范围内采取和实行,并在其他司法管辖权限内积极促进采取和实行有效的立法、实施、行政和／或其他措施,以防止在室内工作场所、公共交通工具、室内公共场所,适当时,包括其他公共场所接触烟草烟雾。 **《公约》关于防止接触烟草烟雾的第8条的实施准则**　采取有效措施防止接触烟草烟雾,需要在特定空间或环境完全消除吸烟和烟草烟雾,以建立100%的无烟环境。接触烟草烟雾没有安全程度可言,应当抛弃二手烟草烟雾毒性有一个临界值的概念,因为此类概念与科学证据相抵触。100%无烟环境之外的任何方针,包括通风、空气过滤和指定吸烟区(无论是否有专门的通风系统),都一再表明是无效的,有科学和其他方面的确凿证据显示,技术方法不能防止接触烟草烟雾。 所有人都应受到保护,以免接触烟草烟雾。所有室内工作场所和室内公共场所都应是无烟的。 必须立法以防止公众接触烟草烟雾。自愿的无烟政策一再表明是无效的,不能提供适当保护。法律要想行之有效,应当简单,明了,便于执行。 **《中华人民共和国基本医疗卫生与健康促进法》**第七十八条　国家采取措施,减少吸烟对公民健康的危害。 公共场所控制吸烟,强化监督执法。 烟草制品包装应当印制带有说明吸烟危害的警示。 禁止向未成年人出售烟酒。 **《公共场所卫生管理条例实施细则》**(卫生部令第80号)第十八条第一款　室内公共场所禁止吸烟。公共场所经营者应当设置醒目的禁止吸烟警语和标志。 参考:**《北京市控制吸烟条例》**第九条　公共场所、工作场所的室内区域以及公共交通工具内禁止吸烟。 **《上海市公共场所控制吸烟条例》**第六条　室内公共场所、室内工作场所、公共交通工具内禁止吸烟。

条例内容	立法说明、依据及参考
	《深圳经济特区控制吸烟条例》第八条　室内工作场所、室内公共场所和公共交通工具内禁止吸烟。 《秦皇岛市控制吸烟办法》第十一条　本市室内公共场所、室内工作场所、公共交通工具内禁止吸烟。 《张家口市公共场所控制吸烟条例》第十一条　公共场所、工作场所的室内区域以及公共交通工具内禁止吸烟。 《武汉市控制吸烟条例》第七条　本市室内公共场所及工作场所(含电梯轿厢)、公共交通工具内禁止吸烟。
第十一条【室外禁烟场所】下列场所的室外区域禁止吸烟。 (一)托儿所、幼儿园、中小学校、少年宫、青少年活动中心、教育培训机构以及儿童福利机构等以未成年人为主要活动人群的场所; (二)妇幼保健机构、养老机构、儿童医院; (三)体育、运动健身场所的比赛区、坐席区和演出场所的演出区、观众坐席区; (四)文物保护单位; (五)公共交通工具站台及购票等候区域; (六)排队等候队伍所在区域; (七)法律、法规、规章规定的其他禁止吸烟场所。 市和区人民政府可以根据大型活动的需要,将其他公共场所的室	**说明:**本条是关于室外禁止吸烟场所的规定。 《公约》第8条　每一缔约方应在国家法律规定的现有国家管辖范围内采取和实行,并在其他司法管辖权限内积极促进采取和实行有效的立法、实施、行政和/或其他措施,以防止在室内工作场所、公共交通工具、室内公共场所,适当时,包括其他公共场所接触烟草烟雾。 这里的适当时应包括的"其他公共场所",指的就是室外公共场所。本条规定正是对该规定的落实。 室外禁止吸烟场所的划定主要考虑:第一,保护特殊群体,例如未成年人、妇女、老年人等;第二,防止在室外人员密集场所因二手烟导致无法躲避的危害,如:体育场、健身场所和演出场所的比赛区、坐席区和演出区等;第三,对特殊保护场所予以安全保护,如:文物保护单位。 **依据:**《公约》第8条　防止接触烟草烟雾　1.各缔约方承认科学已明确证实接触烟草烟雾会造成死亡、疾病和功能丧失。2.每一缔约方应在国家法律规定的现有国家管辖范围内采取和实行,并在其他司法管辖权限内积极促进采取和实行有效的立法、实施、行政和/或其他措施,以防止在室内工作场所、公共交通工具、室内公共场所,适当时,包括其他公共场所接触烟草烟雾。 《中华人民共和国宪法》第五十一条　中华人民共和国公民在行使自由和权利的时候,不得损害国家的、社会的、集体的利益和其他公民的合法的自由和权利。 《中华人民共和国文物保护法》第六十三条　博物馆、图书馆和其他收藏文物的单位应当按照国家有关规定配备防火、防盗、防自然损坏的设施,并采取相应措施,确保收藏

条例内容	立法说明、依据及参考
外区域设立为临时禁止吸烟区域。	文物的安全。 　　《中华人民共和国消防法》第二十一条　禁止在具有火灾、爆炸危险的场所吸烟、使用明火。因施工等特殊情况需要使用明火作业的,应当按照规定事先办理审批手续,采取相应的消防安全措施;作业人员应当遵守消防安全规定。进行电焊、气焊等具有火灾危险作业的人员和自动消防系统的操作人员,必须持证上岗,并遵守消防安全操作规程。 　　参考:《北京市控制吸烟条例》第十条　下列公共场所、工作场所的室外区域禁止吸烟: 　　(一)幼儿园、中小学校、少年宫、儿童福利机构等以未成年人为主要活动人群的场所; 　　(二)对社会开放的文物保护单位; 　　(三)体育场、健身场的比赛区和坐席区; 　　(四)妇幼保健机构、儿童医院。 　　市人民政府可以根据举办大型活动的需要,临时划定禁止吸烟的室外区域。 　　《上海市公共场所控制吸烟条例》第七条　下列公共场所的室外区域禁止吸烟: 　　(一)托儿所、幼儿园、中小学校、少年宫、青少年活动中心、教育培训机构以及儿童福利院等以未成年人为主要活动人群的公共场所; 　　(二)妇幼保健院(所)、儿童医院; 　　(三)体育场馆、演出场所的观众坐席和比赛、演出区域; 　　(四)对社会开放的文物保护单位; 　　(五)人群聚集的公共交通工具等候区域; 　　(六)法律、法规、规章规定的其他公共场所。 　　市和区人民政府可以根据大型活动的需要,将其他公共场所的室外区域设立为临时禁止吸烟区域。 　　《深圳经济特区控制吸烟条例》第八条 室内工作场所、室内公共场所和公共交通工具内禁止吸烟。 　　下列室外场所禁止吸烟: 　　(一)主要为未成年人提供教育、教学、活动服务的教育或者活动场所的室外区域; 　　(二)第一项规定以外的学校、培训机构的室外教学区域;

条例内容	立法说明、依据及参考
	（三）主要为孕妇、儿童提供服务的公园、医疗卫生机构、社会福利机构的室外区域；

（四）第三项规定以外的医疗卫生机构、文博单位、公园、旅游景点等场所非吸烟点的其他室外区域；

（五）体育场馆、运动健身场所的室外观众坐席、比赛赛场区域；

（六）公共交通运输站楼行人出入口外侧五米范围内以及公共交通工具室外站台和等候队伍所在区域；

（七）本款第一项至第五项规定场所行人出入口外侧的等候队伍所在区域和室外购票区域；

（八）市、区人民政府根据举办大型活动的需要，临时增设的禁止吸烟场所；

（九）法律、法规规定的其他禁止吸烟场所。

《张家口市公共场所控制吸烟条例》第十二条　下列公共场所、工作场所的室外区域禁止吸烟：

（一）幼儿园、中小学校、少年宫、儿童福利机构等以未成年人为主要活动人群的场所；

（二）对社会开放的文物保护单位；

（三）体育场、健身场的比赛区和坐席区；

（四）妇幼保健机构、儿童医院；

（五）公共交通工具室外站台和等候队伍所在区域。

市人民政府可以根据举办大型活动的需要，临时划定禁止吸烟的室外区域。

《秦皇岛市控制吸烟办法》第十二条　下列公共场所、工作场所的室外场所（区域）禁止吸烟：

（一）妇幼保健机构；

（二）主要为未成年人提供教育、教学、活动服务的教育或者活动场所；

（三）第（二）项规定以外的学校、培训机构的室外教学区域；

（四）图书馆、展览馆、博物馆、美术馆、纪念馆、科技馆等各类公共文化活动场所；

（五）健身场所、体育场馆的室外比赛区和坐席区；

（六）敬老院、生活小区的健身区域；

条例内容	立法说明、依据及参考
	（七）公共交通工具的室外售票场所、等候区域； （八）对社会开放的文物保护单位； （九）风景名胜区； （十）海滨浴场、沙滩； （十一）法律、法规规定的其他禁止吸烟的场所。 **《武汉市控制吸烟条例》**第八条　下列公共场所、工作场所的室外区域禁止吸烟： 　　（一）以未成年人或者孕妇为主要服务对象的教育、医疗等场所的室外区域； 　　（二）体育场馆、演出场所的露天观众坐席和露天比赛、健身、演出区域； 　　（三）对社会开放的文物保护单位的室外区域； 　　（四）法律、法规规定禁止吸烟的其他室外区域。 　　市人民政府可以根据举办大型活动的需要，划定临时性禁止吸烟的室外区域。
第十二条【应设吸烟点的室外场所——限制吸烟的室外场所】 下列场所的室外区域应设吸烟点，吸烟点以外的区域禁止吸烟；不设吸烟点的，全部室外区域禁止吸烟： （一）本条例第十一条第（一）项规定以外的学校、培训机构的室外教学区域； （二）本条例第十一条第（三）项规定以外的医疗卫生机构； （三）公共文化活动场所、公园、旅游景点。 除本条例第十一条及本条第一款规定以外	**说明：**本条是对于某些室外场所设置吸烟点以及吸烟点如何设置的规定。 　　本条例在前面规定了室内全面禁止吸烟的前提下，也对室外在什么场所不能吸烟做出了明确规定，即某些特定的室外场所也和室内一样禁止吸烟。 　　本条是对在某些室外场所吸烟做出了限制性规定，虽然不像第十一条列举的那些场所那样完全禁止吸烟，但也不可以随便吸烟，要求设立吸烟点，吸烟点以外的地方禁止吸烟。这样，对于本市行政辖区内的所有的公共场所和工作场所来说，第一，室内全面禁烟。第二，室外除了两类特定情况以外，不禁止吸烟，即（一）室外禁烟的特定场所，（二）室外只能在吸烟点吸烟的特定场所。 　　与之相配套的处罚条款也在后面有相关规定。 　　**参考：《深圳经济特区控制吸烟条例》**第九条　场所经营者或者管理者设置吸烟点应当符合下列条件：（一）室外区域；（二）不得靠近人群密集区域和行人必经的主要通道；（三）符合消防安全要求；（四）设置明显的指引标识；（五）配置烟灰缸等盛放烟灰的器具，并设置吸烟有害健康的警示标识。

条例内容	立法说明、依据及参考
的其他公共场所、工作场所的室外区域,有条件的可以设立吸烟点。吸烟点的设置应符合下列要求: (一)非封闭空间,如有侧面不得超过两面; (二)设置明显的指示引导标识,并设置吸烟有害健康的警示标识; (三)远离通风口、建筑物门窗、人员密集区域和行人必经的主要通道,距离10米以上; (四)符合消防安全要求。	《上海市公共场所控制吸烟条例》第八条　除本条例第六条、第七条规定以外的其他公共场所、工作场所的室外区域,有条件的可以设立吸烟点。吸烟点的设定应当遵守下列规定:(一)远离人员聚集区域和行人必经的主要通道;(二)设置吸烟点标识、引导标识,并在吸烟点设置吸烟危害健康的警示标识;(三)放置收集烟灰、烟蒂等的器具;(四)符合消防安全要求。 《北京市控制吸烟条例》第十一条　除本条例第十条规定以外的其他公共场所、工作场所的室外区域,可以划定吸烟区。 吸烟区的划定应当遵守下列规定: (一)设置明显的指示标志和吸烟有害健康的警示标识; (二)远离人员密集区域和行人必经的主要通道; (三)符合消防安全要求。 《西安市控制吸烟管理办法》第十三条　设置室外吸烟点,应当符合下列要求: (一)符合消防安全标准; (二)设置烟头收集设施和明显的引导标识; (三)距离通风口、人员密集区域和行人必经通道至少10米; (四)在显著位置设置醒目的吸烟危害健康警示标识或者图片。 《秦皇岛市控制吸烟办法》第十四条　禁止吸烟场所的经营者、管理者可以根据需要,设置符合下列条件的室外吸烟区: (一)非封闭空间,如有侧面不得超过两面; (二)与非吸烟区隔离,与人员密集区域以及行人必经的建筑物出入口和主要通道至少相距十米; (三)设置引导标识,并在显著位置设置"吸烟有害健康"标识; (四)配置烟灰缸等盛放烟灰的器具; (五)符合相关消防安全要求。 《张家口市公共场所控制吸烟条例》第十三条　除本条

条例内容	立法说明、依据及参考
	例第十二条规定以外的其他公共场所、工作场所的室外区域,可以划定吸烟区。
	吸烟区的划定,应当遵守下列规定:
	(一)远离人员密集区域和行人必经的主要通道;
	(二)设置吸烟区标识、引导标识,并在吸烟区设置"吸烟危害健康"的警示标识;
	(三)放置收集烟灰、烟蒂等的器具;
	(四)符合消防安全要求。
	《武汉市控制吸烟条例》第九条　公共场所非禁止吸烟的室外区域,可以设置吸烟点。
	吸烟点的设置应当遵守下列规定:
	(一)符合消防技术标准;
	(二)避开人群密集区域和行人必经的主要通道;
	(三)设置明显的指引标识、吸烟点标识和吸烟有害健康的警示标识;
	(四)配置烟灰缸等器具。
第十三条【禁烟场所经营管理者责任】 禁止吸烟场所的经营者、管理者应当履行下列义务。 (一)建立禁止吸烟管理制度,做好宣传教育工作,并配备专(兼)职人员对本场所违法吸烟行为进行劝阻; (二)在禁止吸烟场所入口及其他显著位置设置明显的禁止吸烟标识和举报、投诉电话及相应处罚金额; (三)不得配备与吸烟有关的器具或者附有烟草广告的物品;	**说明:**本条是关于本市控制吸烟工作中场所经营者、管理者的义务的规定。 　　确保禁止吸烟场所实现全面禁烟,其经营者和管理者负首要责任。在场所入口及其他显著位置张贴禁烟标识。强调在场所入口必须有标识。不准放置烟灰缸等烟具。烟灰缸的存在本身,就是对吸烟的允许、邀请。实践证明,有的场所贴了禁烟标识,却没撤掉烟灰缸,对于吸烟者来说,摆设的烟灰缸就是允许和邀请吸烟,而禁烟标识就是摆设。对于在禁止吸烟场所或者区域发现的吸烟者,应当赋予场所经营者或管理者自助权(有权对吸烟者进行劝阻)和举报权(对不听劝阻的,向监管部门报告)。场所的经营者和管理者,应建立本单位的控烟管理制度,对员工进行培训。可以设专门的禁烟检查员,也可以使全体员工都成为禁烟检查员,参与劝阻违法吸烟的工作。场所承担控烟义务,是我国自有控烟相关法规以来就有的一贯规定。这也是《公约》第8条实施准则建议的办法,也是国际上通行的做法。

条例内容	立法说明、依据及参考
（四）开展禁止吸烟检查工作，制作并留存相关记录； （五）对在禁止吸烟场所内的吸烟者予以劝阻，对不听劝阻的，要求其离开该场所；对不听劝阻且不离开的，应当固定证据并向卫生行政部门投诉举报。 禁止吸烟场所的经营者、管理者可以利用烟雾报警、浓度监测、视频图像采集等技术手段监控违法吸烟行为，加强对禁止吸烟场所的管理。	参考：《北京市控制吸烟条例》第十三条　禁止吸烟场所的经营者、管理者负有下列责任： （一）建立禁止吸烟管理制度，做好宣传教育工作； （二）在禁止吸烟场所设置明显的禁止吸烟标志和举报投诉电话号码标识； （三）不得在禁止吸烟场所提供烟具和附有烟草广告的物品； （四）开展禁止吸烟检查工作，制作并留存相关记录； （五）对在禁止吸烟场所内的吸烟者予以劝阻，对不听劝阻的要求其离开；对不听劝阻且不离开的，向卫生健康部门投诉举报。 禁止吸烟场所的经营者、管理者可以利用烟雾报警、浓度监测、视频图像采集等技术手段监控吸烟行为，加强对禁止吸烟场所的管理。 《上海市公共场所控制吸烟条例》第九条　禁止吸烟场所所在单位应当履行下列义务： （一）落实劝阻吸烟人员或者组织劝阻吸烟的志愿者； （二）做好禁烟宣传教育工作； （三）在醒目位置设置统一的禁止吸烟标识和监管电话； （四）不设置任何与吸烟有关的器具； （五）对吸烟者进行劝阻； （六）对不听劝阻也不愿离开禁止吸烟场所的吸烟者，向监管部门举报。 《西安市控制吸烟管理办法》第十四条　控制吸烟场所的经营者、管理者应当履行下列义务： （一）建立控制吸烟管理制度，在场所出入口及其他显著位置设置明显的禁止吸烟标识和举报、投诉电话； （二）在禁止吸烟区域内不设置与吸烟有关的售烟机、器具； （三）对在禁止吸烟区域内的吸烟者进行劝阻，对不听劝阻的，要求其离开该场所。 对不听劝阻且不离开该场所的，应当固定相关证据并向有关行政管理部门举报；对不听劝阻并扰乱公共秩序的，

条例内容	立法说明、依据及参考
	向公安机关报案。

《秦皇岛市控制吸烟办法》第十三条 禁止吸烟场所的经营者、管理者应当履行下列职责：

（一）建立禁止吸烟的管理制度，开展控烟宣传教育，并配备专（兼）职人员对吸烟者进行劝阻；

（二）不得配置与吸烟有关的器具或者附有烟草广告的物品；

（三）在禁止吸烟场所的入口及其他显著位置设置禁止吸烟标识和监督投诉电话；

（四）对在禁止吸烟场所吸烟的，场所工作人员应当要求其熄灭；不熄灭的，应当劝其离开；不服从劝阻且不离开该场所的，应当固定证据并向有关部门报告。

鼓励禁止吸烟场所的经营者、管理者采用烟雾报警、浓度监测、视频图像采集等技术手段进行控制吸烟管理。

《深圳经济特区控制吸烟条例》第十条 禁止吸烟场所的经营者和管理者应当履行下列职责：

（一）建立禁止吸烟的管理制度，开展控烟宣传教育，并配备控烟检查员；

（二）不得配置与吸烟有关的器具或者附有烟草广告的物品；

（三）在禁止吸烟场所的入口及其他显著位置设置禁止吸烟标识和监督投诉电话；

（四）对在禁止吸烟场所吸烟的，场所工作人员应当要求其熄灭或者停止使用烟草制品；不熄灭或者不停止使用的，应当劝其离开；不服从劝阻且不离开该场所的，应当向有关部门报告。

《张家口市公共场所控制吸烟条例》第十四条 禁止吸烟场所的经营者、管理者负有下列责任：

（一）建立禁止吸烟制度，做好宣传教育工作；

（二）在禁止吸烟场所设置明显的禁止吸烟标志和举报投诉电话；

（三）不得在禁止吸烟场所提供烟具和附有烟草广告的物品；

（四）开展禁止吸烟检查工作，制作并留存相关记录；

続表

条例内容	立法说明、依据及参考
	（五）对在禁止吸烟场所内的吸烟者予以劝阻,对不听劝阻的要求其离开;对不听劝阻且不离开的,向监督管理部门投诉举报。 禁止吸烟场所的经营者、管理者可以利用烟雾报警、浓度监测、视频图像采集等技术手段监控吸烟行为,加强对禁止吸烟场所的管理。 《武汉市控制吸烟条例》第十一条　禁止吸烟场所的经营者、管理者应当履行下列义务: （一）建立控制吸烟管理制度,指定控制吸烟监督员,开展控制吸烟宣传教育工作; （二）不得放置与吸烟有关的器具或者附有烟草广告的物品; （三）在场所的入口及其他显著位置设置醒目、清晰的禁止吸烟标识,公布投诉举报电话; （四）对在场所内吸烟的人予以劝阻,对不听劝阻的要求其离开;对拒绝离开的,向有关部门报告。 前款规定的经营者、管理者可以采用烟雾报警、浓度监测、视频图像采集等技术手段,对禁止吸烟场所实施监控。
第十四条【公众监督】 **1. 多部门执法模式** 对于在禁止吸烟场所吸烟的,任何人都可以要求吸烟者立即停止吸烟;向场所的经营者或管理者投诉,要求其劝阻吸烟,履行其禁止吸烟义务;对不履行禁烟义务的单位,向有关监管部门举报。 有关监管部门接到投诉、举报后,应当及时进行调查处理,并将调查处理结果及时反馈给投诉、举报人。	**说明:** 本条是关于本市控制吸烟工作中个人对违法吸烟行为监督的规定。 本条体现为公民个人在禁止吸烟场所内发现吸烟行为后所享有的监督权。 禁烟场所的经营者和管理者往往可能会因受到经济利益驱使等原因固意于实行全面禁烟,故在经营者和管理者控烟动力不足的现实情境之下,应当借助公众的力量,充分调动公众的积极性,赋予公民广泛的监督权。 对于公民个人发现禁烟场所出现吸烟行为的,公民理应享有要求吸烟者立即停止吸烟的权利,当然,鉴于该场所的经营者和管理者负有避免公众接触烟草烟雾的义务,公民也有权直接向该场所的经营者或者管理者投诉,要求该场所的经营者或者管理者劝导违法吸烟者停止吸烟,一旦经营者或者管理者不履行其控烟职责的,应当赋予公民个人向控烟工作监管部门举报违法吸烟个人和不履责场所的权利。

条例内容	立法说明、依据及参考
2. 单一部门为主执法模式 任何个人有权要求吸烟者立即停止在禁止吸烟场所吸烟,有权要求禁止吸烟场所的经营者、管理者履行禁止吸烟义务,并有权向卫生行政部门投诉、举报。 卫生行政部门接到投诉、举报后,应当及时进行调查处理,并将调查处理结果及时反馈给投诉、举报人。	**参考:**《深圳经济特区控制吸烟条例》第十二条 任何个人或者单位有权要求吸烟者停止在禁止吸烟场所吸烟,有权要求禁止吸烟场所的经营者、管理者履行控烟职责,并向有关部门投诉。有关部门应当对被投诉的禁止吸烟场所进行调查、核实。 《上海市公共场所控制吸烟条例》第十条 任何个人可以要求吸烟者停止在禁止吸烟场所内吸烟;要求禁止吸烟场所所在单位履行禁止吸烟义务,并可以针对不履行禁烟义务的单位,向监管部门举报。 《北京市控制吸烟条例》第十五条 个人在禁止吸烟场所内发现吸烟行为的,可以行使下列权利: (一)劝阻吸烟者停止吸烟; (二)要求该场所的经营者、管理者劝阻吸烟者停止吸烟; (三)向卫生健康部门投诉举报。 《兰州市公共场所控制吸烟条例》第十五条 任何单位和个人有权要求在禁止吸烟场所和限制吸烟场所的非吸烟室或者非划定吸烟区的吸烟者立即停止吸烟,有权要求控制吸烟场所的经营者或者管理者履行禁止吸烟管理职责,对不履行管理职责的,可以举报和投诉。 《西安市控制吸烟管理办法》第十五条 在禁止吸烟区域,任何人均有权要求吸烟者停止吸烟,或者要求该场所的经营者、管理者履行义务。 吸烟者不听劝阻或者控制吸烟场所的经营者、管理者不履行劝阻义务的,任何人均有权举报、投诉。 《秦皇岛市控制吸烟办法》第十条 任何单位和个人有权要求吸烟者在禁止吸烟场所停止吸烟;要求该场所的经营者、管理者履行禁止吸烟义务;对违反本办法规定的行为进行举报、投诉。 公开举报、投诉电话为12345,负责将市民的举报、投诉按照执法分工转给各相关控制吸烟监督管理部门。 各控制吸烟监督管理部门接到举报、投诉后,应当及时进行调查处理,并将调查处理结果反馈举报人、投诉人。 《武汉市控制吸烟条例》第十二条 任何人有权要求在

条例内容	立法说明、依据及参考
	禁止吸烟场所吸烟的人立即停止吸烟,有权要求禁止吸烟场所的经营者、管理者履行控制吸烟义务;对吸烟者不听劝阻的或者禁止吸烟场所的经营者、管理者不履行控制吸烟义务的,有权投诉举报。
第十五条【吸烟者义务】 任何人不得在禁止吸烟场所(区域)吸烟和索要吸烟相关器具,应当自觉听从劝阻;在非禁止吸烟场所(区域)吸烟的,应当合理避让不吸烟者,不乱弹烟灰,不乱扔烟头。 在禁止吸烟的经营场所内吸烟,因不听劝阻而被要求离开该场所的,不得向经营者索回已经支付的花销;已经接受服务但未支付相应费用的,应支付费用。	**说明:**本条是关于吸烟者在禁止吸烟场所应履行义务的规定。 虽然条例有专门的条款规定了禁止吸烟的场所,说明在哪些地方吸烟是违法的,但是,仍然非常有必要对吸烟者的行为做出明确规范。本条第一款规定了在法定禁止吸烟的地方,不得吸烟;在条例不禁止的地方吸烟也应当合理避让不吸烟的人,不乱弹烟灰,不乱扔烟头。这样的规定是把保护不吸烟的人放在第一位考虑,而不是把方便吸烟的人放在第一位。 本条第二款规定借鉴了香港、哈尔滨、上海等地的规定,要求吸烟的人承担自己违法行为的不利后果。 本条规定,既是为不吸烟的人不受二手烟危害提供法律保障,也同时用法律创造一个不利于吸烟环境,客观上促进吸烟者少吸烟、不吸烟、戒烟。 **参考:**《**深圳经济特区控制吸烟条例**》第十一条　在禁止吸烟的经营场所内吸烟,因不听劝阻而被要求其离开该场所的,不得向经营者索回已经花销的费用;已经接受服务但是未付费的,不得拒绝付费。 《**北京市控制吸烟条例**》第十四条　个人应当遵守法律法规的规定,不得在禁止吸烟场所和排队等候队伍中吸烟;在非禁止吸烟场所吸烟的,应当合理避让不吸烟者,不乱弹烟灰,不乱扔烟头。 《**秦皇岛市控制吸烟办法**》第十七条　任何人不得在禁止吸烟场所(区域)吸烟和索要烟具,应当自觉听从劝阻;在非禁止吸烟场所(区域)吸烟应当合理避让不吸烟者,不乱弹烟灰,不乱扔烟头。
第十六条【投诉举报机制】 **1. 多部门执法模式** 市爱国卫生运动委员	**说明:**本条是关于投诉举报热线及处理机制的规定。 市爱卫会是组织协调全市控烟工作的政府议事协调机构,控烟工作中的某些环节应当由市爱卫会统一集中开展,而不能分配至区县一级爱卫会,本条的规定就体现于此。

条例内容	立法说明、依据及参考
会应当规范全市统一的禁止吸烟标识;设置并且公布全市统一的举报、投诉电话,制定投诉举报处理规程;定期开展控烟工作检查,通报控烟情况。 爱国卫生运动委员会应当组织开展多种形式的控烟宣传教育工作,使公众了解烟草烟雾的危害,增强全社会营造无烟环境的意识。 **2. 单一部门为主执法模式** 市爱国卫生运动委员会应当规范全市统一的禁止吸烟标识;设置并且公布全市统一的举报、投诉电话;定期开展控烟工作检查,通报控烟情况。 市卫生行政部门制定投诉举报处理规程,对投诉举报的违法行为记录转接、统筹分工;市或者区、县卫生行政部门应当建立控烟日常巡查制度,对投诉举报的违法行为及时调查处理,将投诉举报及处理情况进行登记,并将调查处理结果及时向投诉举报人反馈。	市爱卫会应当设立统一的禁烟标识、举报和投诉电话,制定投诉举报处理规程,并协调对举报投诉电话的及时处理。显然,这是充分调动公众积极参与控烟的有力举措;而"阳光是最好的防腐剂",公开作为行政程序领域中最基础和重要的制度,将公开的要求落实到控烟工作中,要求市爱卫会每年向社会公布本市控烟工作情况,显然不仅有助于强化公众监督的广度和深度,对市爱卫会自身控烟工作的开展也会形成一种无形的监督力量,敦促其自觉主动地做好控烟工作。 参考:《**北京市控制吸烟条例**》第十六条　市卫生健康部门应当公布吸烟违法行为投诉举报电话;对投诉举报的违法行为,市或者区卫生健康部门应当及时处理,建立投诉举报及处理情况登记。 《**深圳经济特区控制吸烟条例**》第三十三条　卫生健康主管部门及各有关部门应当建立控烟日常巡查及投诉处理等制度,并向社会公布监管情况。 第三十五条　市人民政府设立 12345 公开电话为全市统一的控烟投诉电话。有关部门接到投诉的,应当受理。对实名投诉的,应当自受理之日起十五个工作日内将处理结果告知投诉人。 《**上海市公共场所控制吸烟条例**》第十四条第三款　鼓励单位和个人通过"12345"市民服务热线或者相关行业监管热线,对违反本条例规定的行为进行举报。 《**西安市控制吸烟管理办法**》第二十二条　全市设置公开统一的举报电话 12345,将市民的举报和投诉按照执法分工,转给各相关控制吸烟监督管理部门。 各控制吸烟监督管理部门接到投诉举报后,应当及时进行调查处理,并将调查处理结果反馈投诉举报人。 控制吸烟场所的经营者、管理者不得阻碍有关行政管理部门的工作人员进入该场所履行控制吸烟的监督管理职责。 《**秦皇岛市控制吸烟办法**》第十六条　市、县(区)卫生健康行政主管部门应当积极组织开展控制吸烟和戒烟咨询服务。

条例内容	立法说明、依据及参考
	医务人员在常规诊疗中,为吸烟者提供简短的戒烟服务。二级以上卫生医疗机构设立戒烟门诊,为吸烟者提供戒烟咨询、指导和帮助。 《**武汉市控制吸烟条例**》第二十八条 "12345"市长热线统一受理有关控制吸烟的咨询和投诉举报。
第十七条【戒烟服务】 市和区、县卫生行政部门应当组织开展对吸烟行为的干预工作,设立咨询热线,开展控制吸烟咨询服务,指导有条件的医疗卫生机构设立戒烟门诊,为吸烟者提供开展戒烟的服务和帮助。	**说明:**本条是关于本市医疗机构提供戒烟服务的规定。 **依据:**《**公约**》第 14 条 与烟草依赖和戒烟有关的降低烟草需求的措施 每一缔约方应考虑到国家现状和重点,制定和传播以科学证据和最佳实践为基础的适宜、综合和配套的指南,并应采取有效措施以促进戒烟和对烟草依赖的适当治疗。 为此目的,每一缔约方应努力:制定和实施旨在促进戒烟的有效的规划,诸如在教育机构、卫生保健设施、工作场所和体育环境等地点的规划;酌情在卫生工作者、社区工作者和社会工作者的参与下,将诊断和治疗烟草依赖及对戒烟提供的咨询服务纳入国家卫生和教育规划、计划和战略;在卫生保健设施和康复中心建立烟草依赖诊断、咨询、预防和治疗的规划;以及依照第 22 条的规定,与其他缔约方合作促进获得可负担得起的对烟草依赖的治疗,包括药物制品。此类制品及其成分适当时可包括药品、给药所用的产品和诊断制剂。 《**健康中国行动(2019—2030 年)**》第三章第四节 逐步建立和完善戒烟服务体系,将询问患者吸烟史纳入到日常的门诊问诊中,推广简短戒烟干预服务和烟草依赖疾病诊治。加强对戒烟服务的宣传和推广,使更多吸烟者了解到其在戒烟过程中能获得的帮助。创建无烟医院,推进医院全面禁烟。(卫生健康委负责)。 《**无烟医疗卫生机构标准(试行)**》 无烟医院在此基础上还要符合以下标准:九、医务人员掌握控烟知识、方法和技巧,对吸烟者至少提供简短的劝阻指导;十、在相应科室设戒烟医生和戒烟咨询电话。 **参考:**《**上海市公共场所控制吸烟条例**》第十三条 卫生健康部门应当组织开展对吸烟行为的干预工作,设立咨询热线,开展控烟咨询服务。

条例内容	立法说明、依据及参考
	医疗机构应当为吸烟者提供戒烟指导和帮助。 **《北京市控制吸烟条例》第十七条** 本市提倡减少和戒除吸烟行为。市和区卫生健康部门应当组织开展对吸烟行为的干预工作,设立咨询热线,开展控制吸烟咨询服务,指导医疗卫生机构开展戒烟服务。 **《兰州市公共场所控制吸烟条例》第十九条** 市、县(区)卫生行政主管部门应当组织开展控烟咨询服务。 鼓励各级各类医疗卫生机构设立戒烟门诊,为吸烟者提供戒烟指导和治疗。 **《西安市控制吸烟管理办法》第二十四条** 卫生健康行政部门应当组织开展控制吸烟咨询服务。鼓励有条件的卫生医疗机构设立戒烟门诊,为吸烟者提供戒烟指导和治疗。 **《深圳经济特区控制吸烟条例》第十八条** 医疗卫生机构应当按照规定开展戒烟医疗服务,为吸烟者提供戒烟咨询和指导。 **《秦皇岛市控制吸烟办法》第十六条** 市、县(区)卫生健康行政主管部门应当积极组织开展控制吸烟和戒烟咨询服务。 医务人员在常规诊疗中,为吸烟者提供简短的戒烟服务。二级以上卫生医疗机构设立戒烟门诊,为吸烟者提供戒烟咨询、指导和帮助。 **《武汉市控制吸烟条例》第十七条** 医疗卫生机构可以为吸烟者提供简易戒烟服务。有条件的医疗卫生机构应当设立戒烟门诊。 鼓励开展控制吸烟技术研发。
第十八条【烟草制品及电子烟销售者义务】 烟草制品、电子烟销售者应当在销售场所的显著位置设置吸烟有害健康和禁止向未成年人出售烟草制品、电子烟的明显标识。 禁止向未成年人出售	**说明:** 本条是关于烟草制品及电子烟销售者义务的规定。 **依据:**《公约》第 16 条 向未成年人销售和由未成年人销售 每一缔约方应在适当的政府级别采取和实行有效的立法、实施、行政或其他措施禁止向低于国内法律、国家法律规定的年龄或 18 岁以下者出售烟草制品。这些措施可包括:(a)要求所有烟草制品销售者在其销售点内设置关于禁止向未成年人出售烟草的清晰醒目告示,并且当有怀疑时,

条例内容	立法说明、依据及参考
烟草制品或者电子烟，对难以判明是否已成年的，应当要求其出示身份证件；对不能出示身份证件的，不得向其出售烟草制品或者电子烟。 禁止任何单位和个人从事下列行为： （一）在幼儿园、中小学校、少年宫及其周边100米内销售烟草制品或者电子烟； （二）医疗卫生机构、未成年人教育或者活动场所、专门为未成年人服务的社会福利机构等场所内不得销售烟草制品或者电子烟； （三）通过自动售货机或者移动通信、互联网等信息网络平台非法销售烟草制品或者电子烟。	要求每一购买烟草者提供适当证据证明已到法定年龄；（b）禁止以可直接选取烟草制品的任何方式，例如售货架等出售此类产品；禁止生产和销售对未成年人具有吸引力的烟草制品形状的糖果、点心、玩具或任何其他实物；以及确保其管辖范围内的自动售烟机不能被未成年人所使用，且不向未成年人促销烟草制品。 《中华人民共和国未成年人保护法》第五十九条　学校、幼儿园周边不得设置烟、酒、彩票销售网点。禁止向未成年人销售烟、酒、彩票或者兑付彩票奖金。烟、酒和彩票经营者应当在显著位置设置不向未成年人销售烟、酒或者彩票的标志；对难以判明是否是未成年人的，应当要求其出示身份证件。 任何人不得在学校、幼儿园和其他未成年人集中活动的公共场所吸烟、饮酒。 《中华人民共和国预防未成年人犯罪法》第十五条　未成年人的父母或者其他监护人和学校应当教育未成年人不得吸烟、酗酒。任何经营场所不得向未成年人出售烟酒。 《中华人民共和国基本医疗卫生与健康促进法》第七十八条　国家采取措施，减少吸烟对公民健康的危害。公共场所控制吸烟，强化监督执法。烟草制品包装应当印制带有说明吸烟危害的警示。禁止向未成年人出售烟酒。 《中华人民共和国烟草专卖法》第五条　国家和社会加强吸烟危害健康的宣传教育，禁止或者限制在公共交通工具和公共场所吸烟，劝阻青少年吸烟，禁止中小学生吸烟。 《烟草专卖许可证管理办法》第二十五条　有下列情形之一的，不予发放烟草专卖零售许可证：（一）经营场所基于安全因素不适宜经营卷烟的；（二）中、小学校周围；（三）取消从事烟草专卖业务资格不满3年的；（四）因申请人隐瞒有关情况或者提供虚假材料，烟草专卖局作出不予受理或者不予发证决定后，申请人1年内再次提出申请的；（五）因申请人以欺骗、贿赂等不正当手段取得的烟草专卖许可证被撤销后，申请人3年内再次提出申请的；（六）未领取烟草专卖零售许可证经营烟草专卖品业务，并且1年内被执法机关处罚两次以上，在3年内申请领取烟草专卖零售许可证的；（七）国家烟草专卖局规定的其他不予发证的情形。

条例内容	立法说明、依据及参考

　　《**国家市场监督管理总局 国家烟草专卖局关于禁止向未成年人出售电子烟的通告**》(**市场监管总局通告 2018 年第 26 号**)　为加强对未成年人身心健康的社会保护,各类市场主体不得向未成年人出售电子烟。建议电商平台对含有"学生""未成年人"等字样的电子烟产品下架,对相关店铺(销售者)进行扣分或关店处理;加强对上架电子烟产品名称的审核把关,采取有效措施屏蔽关联关键词,不向未成年人展示电子烟产品。

　　各级市场监管部门和烟草专卖行政主管部门将进一步加强对电子烟产品的市场监管力度,结合学校周边综合治理等专项行动督促各类市场主体不得向未成年人销售电子烟,并对生产销售"三无"电子烟等各类违法行为依法及时查处;学校、家庭加强对未成年人的教育与保护,强调电子烟对健康的危害;媒体加强未成年人吸烟包括吸食电子烟危害健康的宣传;任何组织和个人对向未成年人销售电子烟的行为应予以劝阻、制止。

　　《**关于进一步保护未成年人免受电子烟侵害的通告**》(**国家烟草专卖局 国家市场监督管理总局通告 2019 年第 1 号**)　电子烟作为卷烟等传统烟草制品的补充,其自身存在较大的安全和健康风险,在原材料选择、添加剂使用、工艺设计、质量控制等方面随意性较强,部分产品存在烟油泄漏、劣质电池、不安全成分添加等质量安全隐患。按照《中华人民共和国未成年人保护法》的有关规定要求,为加强对未成年人身心健康的保护,各类市场主体不得向未成年人销售电子烟。任何组织和个人对向未成年人销售电子烟的行为应予以劝阻、制止。

　　为进一步加大对未成年人身心健康的保护力度,防止未成年人通过互联网购买并吸食电子烟,自本通告印发之日起,敦促电子烟生产、销售企业或个人及时关闭电子烟互联网销售网站或客户端;敦促电商平台及时关闭电子烟店铺,并将电子烟产品及时下架;敦促电子烟生产、销售企业或个人撤回通过互联网发布的电子烟广告。

　　参考:《**北京市控制吸烟条例**》第二十条　烟草制品销售者应当在销售场所的显著位置设置吸烟有害健康和不向

条例内容	立法说明、依据及参考
	未成年人出售烟草制品的明显标识。禁止烟草制品销售者从事下列行为： （一）向未成年人出售烟草制品； （二）在幼儿园、中小学校、少年宫及其周边一百米内设置销售网点； （三）通过自动售货机或者移动通信、互联网等信息网络非法销售烟草制品。 《**深圳经济特区控制吸烟条例**》第十三条　烟草制品销售者应当在其售烟场所的明显位置设置吸烟有害健康和禁止向未成年人出售烟草制品的标识。 烟草制品销售者不得向未成年人出售烟草制品。对难以判明是否已成年的，应当要求其出示身份证件；对不能出示身份证件的，不得向其出售烟草制品。 第十四条　医疗卫生机构、未成年人教育或者活动场所、专门为未成年人服务的社会福利机构等场所内不得销售烟草制品。 中小学校、青少年宫出入口路程距离五十米范围内不得销售烟草制品。 第十六条　禁止通过互联网、移动通信等信息网络向公众销售烟草制品。 互联网、移动通信等信息服务提供者发现有利用其平台向公众销售烟草制品的，应当采取措施删除违法信息，保存相关记录，并向有关部门报告。 《**兰州市公共场所控制吸烟条例**》第十六条　烟草制品销售者应当在营业场所显著位置设置吸烟有害健康和禁止向未成年人出售烟草制品的明显标识。 禁止向未成年人出售烟草制品，对难以判断购买者年龄的，烟草制品销售者应当要求其出示身份证件。 《**秦皇岛市控制吸烟办法**》第十九条　烟草制品销售者应当在营业场所显著位置设置吸烟有害健康和禁止向未成年人出售烟草制品的明显标识。 禁止向未成年人出售烟草制品，对难以判断购买者年龄的，烟草制品销售者应当要求其出示身份证件。 禁止在幼儿园、中小学校、少年宫及其周边一百米内销

条例内容	立法说明、依据及参考
	售烟草制品;禁止通过自动售货机或者移动通信、互联网等信息网络非法销售烟草制品。 《武汉市控制吸烟条例》第十四条　禁止向未成年人销售烟草制品或者电子烟。对难以判明是否已成年的,烟草制品经营者应当要求其出示身份证件;对不能出示身份证件的,不得向其销售烟草制品或者电子烟。 　　烟草制品经营者应当在其营业场所显著位置设置吸烟有害健康和禁止向未成年人销售烟草制品的标识。
第十九条【禁止烟草广告、促销和赞助】　禁止任何单位或个人从事下列行为: (一)发布或者变相发布、设置任何形式的烟草广告; (二)派发或赠予烟草制品; (三)开展任何形式的烟草促销、赞助活动。	说明:本条是关于禁止烟草广告、促销和赞助的规定。 依据:《公约》第 13 条　烟草广告、促销和赞助 　　1. 各缔约方认识到广泛禁止广告、促销和赞助将减少烟草制品的消费。2. 每一缔约方应根据其宪法或宪法原则广泛禁止所有的烟草广告、促销和赞助。根据该缔约方现有的法律环境和技术手段,其中应包括广泛禁止源自本国领土的跨国广告、促销和赞助。就此,每一缔约方在公约对其生效后的五年内,应采取适宜的立法、实施、行政和／或其他措施,并应按第 21 条的规定相应地进行报告。3. 因其宪法或宪法原则而不能采取广泛禁止措施的缔约方,应限制所有的烟草广告、促销和赞助。根据该缔约方目前的法律环境和技术手段,应包括限制或广泛禁止源自其领土并具有跨国影响的广告、促销和赞助。就此,每一缔约方应采取适宜的立法、实施、行政和／或其他措施并按第 21 条的规定相应地进行报告。4. 根据其宪法或宪法原则,每一缔约方至少应:(a)禁止采用任何虚假、误导或欺骗或可能对其特性、健康影响、危害或释放物产生错误印象的手段,推销烟草制品的所有形式的烟草广告、促销和赞助;(b)要求所有烟草广告,并在适当时包括促销和赞助带有健康或其他适宜的警语或信息;(c)限制采用鼓励公众购买烟草制品的直接或间接奖励手段;(d)对于尚未采取广泛禁止措施的缔约方,要求烟草业向有关政府当局披露用于尚未被禁止的广告、促销和赞助的开支。根据国家法律,这些政府当局可决定向公众公开并根据第 21 条向缔约方会议提供这些数字;(e)在五年之内,在广播、电视、印刷媒介和酌情在其他媒体如因特网上广泛禁止烟草广告、促销和赞助,如某一缔约方

条例内容	立法说明、依据及参考

因其宪法或宪法原则而不能采取广泛禁止的措施,则应在上述期限内和上述媒体中限制烟草广告、促销和赞助;以及(f)禁止对国际事件、活动和/或其参加者的烟草赞助;若缔约方因其宪法或宪法原则而不能采取禁止措施,则应限制对国际事件、活动和/或其参加者的烟草赞助。

《中华人民共和国广告法》第二十二条 禁止在大众传播媒介或者公共场所、公共交通工具、户外发布烟草广告。禁止向未成年人发送任何形式的烟草广告。禁止利用其他商品或者服务的广告、公益广告,宣传烟草制品名称、商标、包装、装潢以及类似内容。烟草制品生产者或者销售者发布的迁址、更名、招聘等启事中,不得含有烟草制品名称、商标、包装、装潢以及类似内容。

《广电总局办公厅关于严格控制电影、电视剧中吸烟镜头的通知》电影和电视剧中不得出现烟草的品牌标识和相关内容,及变相的烟草广告;不得出现在国家明令禁止吸烟及标识禁止吸烟的场所吸烟的镜头;不得表现未成年人买烟、吸烟等将烟草与未成年人相联系的情节,不得出现有未成年人在场的吸烟镜头。

参考:《北京市控制吸烟条例》第二十一条 禁止从事下列行为:

(一)利用广播、电影、电视、报纸、期刊、图书、音像制品、电子出版物、移动通信、互联网等大众传播媒介发布或者变相发布烟草广告;

(二)在公共场所和公共交通工具设置烟草广告;

(三)设置户外烟草广告;

(四)各种形式的烟草促销、冠名赞助活动。

《深圳经济特区控制吸烟条例》(2019)第十五条 禁止下列行为:

(一)使用自动售卖设备销售烟草制品;

(二)发布或者变相发布烟草广告;

(三)以慈善、公益、环保事业的名义,或者以"品牌延伸""品牌共享"等其他方式进行烟草促销;

(四)烟草企业冠名赞助活动;

(五)向公众派发、赠予烟草制品;

条例内容	立法说明、依据及参考
	（六）以派发、赠予烟草宣传品等直接或者间接的手段鼓励、诱导购买烟草制品。 **《秦皇岛市控制吸烟办法》第二十条** 本市禁止设置户外烟草广告、促销和赞助，禁止利用广播、电影、电视、报纸、期刊、图书、音像制品、电子出版物、移动通信、互联网等媒介发布或者变相发布烟草广告、促销和赞助。 **《武汉市控制吸烟条例》第十五条** 禁止发布烟草广告、开展烟草促销或者冠名赞助活动。 禁止向未成年人销售或者提供香烟外观的食品、玩具等物品。
第二十条【执法主体】 **1. 多部门执法模式** 控烟工作的监督执法按照以下规定实施。 （一）教育行政部门负责对各级各类学校的控烟工作进行监督执法； （二）文化综合执法机构负责对文化、体育、娱乐场所、旅馆以及向社会开放的文物保护单位的控烟工作进行监督执法； （三）承担机场、铁路执法工作的机构以及交通行政执法机构、轨道交通线路运营单位按照各自职责，对公共交通工具及其有关公共场所的控烟工作进行监督执法； （四）食品药品监督管理部门（市场监督管理	**说明：** 本条是对执法机制的规定。 **【单一部门为主执法模式】** 由卫生行政部门作为执法主体的最重要的原因有两个，第一，卫生行政部门因其专业性，比其他任何部门都对控烟有着更大的积极性，因为他们对烟草对公众健康危害认识最深。第二，因为以一个部门为主对所有禁烟场所进行执法，不需要动其他执法部门，基本不会出现因为某一行政部门没有动力而导致整个行业违法现象严重的情况。不足之处是卫生行政部门对某些行业或场所的威慑力不够，执法人员数量有限。 **【多部门执法模式】** 多部门执法机制，最大的优势是因为众多部门和人员的参与执法，使得执法人员的数量远多于单一部门，威慑力远大于单一部门。而且，也使各相关行政部门把控烟工作当作其日常工作的一部分，不至于让卫生行政部门单枪匹马作战。各相关部门对自己管辖范围内场所的控烟工作进行检查、监督、指导，对违法行为进行处罚。具体由哪些部门来执法，最好还是各地根据本地场所的管辖归口情况，由现存的执法机构进行控烟执法。例如，宾馆、旅店等提供住宿服务，在有的地方由文化综合执法机构监管，在有些地方则由商务局监管。 卫生行政部门兜底管辖所有没人管的场所。这一规定非常重要，因为列举是不可能穷尽的，如果没有兜底部门，则漏写的场所就会成为法外之地，一来公众和工作人员的健康受到危害，二来对整个社会的控烟产生负面影响。

条例内容	立法说明、依据及参考
部门)负责对餐饮业经营场所的控烟工作进行监督执法； (五)公安部门负责对网吧等互联网上网服务营业场所的控烟工作进行监督执法； (六)住房城乡建设部门负责对物业管理区域内的公共电梯的控烟工作进行监督执法； (七)卫生行政部门负责对各级各类医疗卫生机构以及本条第一项至第六项以外的其他公共场所、工作场所的控烟工作进行监督执法。 上述执法机构开展控烟监督执法工作，有权进入相关场所并向有关单位和个人进行调查核实，有权查看相关场所的监控、监测、公共安全图像信息等证据材料。有关单位和个人应当协助配合并如实反映情况。 **2. 单一部门为主执法模式** 市和区、县卫生行政部门依法开展控制吸烟卫生监督管理工作，有权进入相关场所并向	**参考：** 《上海市公共场所控制吸烟条例》第十六条　控烟工作的监督执法按照以下规定实施： 　　(一)教育行政部门负责对各级各类学校的控烟工作进行监督执法； 　　(二)文化旅游部门负责对文化、体育、娱乐场所、旅馆以及向社会开放的文物保护单位的控烟工作进行监督执法； 　　(三)承担机场、铁路执法工作的机构以及交通部门、轨道交通线路运营单位按照各自职责，对公共交通工具及其有关公共场所的控烟工作进行监督执法； 　　(四)市场监管部门负责对餐饮业经营场所的控烟工作进行监督执法； 　　(五)公安部门负责对网吧等互联网上网服务营业场所的控烟工作进行监督执法； 　　(六)城管执法部门负责对物业管理区域内的公共电梯的控烟工作进行监督执法； 　　(七)卫生健康部门负责对各级各类医疗卫生机构以及本条第一项至第六项以外的其他公共场所、工作场所的控烟工作进行监督执法。 《深圳经济特区控制吸烟条例》第三十二条　下列各部门应当依照本条例规定负责控烟工作的宣传教育、日常管理和监督，并对违反本条例规定的行为进行处罚： 　　(一)交通运输部门负责除民用航空器、火车外的公共交通工具及其相关公共场所、工作场所的控烟工作； 　　(二)民航、铁路管理部门依照国家有关规定，负责民用航空器、火车等公共交通工具及其等候场所等公共场所、工作场所的控烟工作； 　　(三)文化广电旅游体育部门负责文化场所、体育场所、旅游景点及其所管辖范围内的公共场所、工作场所的控烟工作； 　　(四)市场监督管理部门负责餐饮服务场所、商品批发零售场所及其工作场所的控烟工作； 　　(五)公安部门负责校车、互联网上网服务营业场所、宾

条例内容	立法说明、依据及参考
有关单位和个人进行调查核实，有权查看相关场所的监控、监测、公共安全图像信息等证据材料。有关单位和个人应当协助配合并如实反映情况。	馆、旅馆、酒店、游艺场所、歌舞厅、按摩和洗浴等场所及其工作场所的控烟工作； （六）城市管理部门负责公园、地铁及其管辖范围内公共场所、工作场所的控烟工作； 其他有关部门应当协助主管部门做好控烟的宣传教育和监督管理工作。 《北京市控制吸烟条例》第二十二条　市和区卫生健康部门依法开展控制吸烟卫生监督管理工作，有权进入相关场所并向有关单位和个人进行调查核实，有权查看相关场所的监控、监测、公共安全图像信息等证据材料。有关单位和个人应当协助配合并如实反映情况。 《西安市控制吸烟管理办法》第二十二条第三款　控制吸烟场所的经营者、管理者不得阻碍有关行政管理部门的工作人员进入该场所履行控制吸烟的监督管理职责。
第二十一条【场所经营者、管理者法律责任】 **1. 多部门执法模式** （一）场所的经营者、管理者违反本条例第十三条第一款第（一）至（四）项的，由本条例第二十条规定的相关部门责令限期改正，并可处二千元以上五千元以下的罚款；逾期不改正的，处五千元以上一万元以下罚款；逾期不改正或情节严重的，处五千元以上三万元以下罚款；情节特别严重的，责令停产停业。 （二）违反本条例第十三条第（五）项的，由本条例第二十条规定的相	**说明：**本条是关于场所经营者、管理者相关法律责任的规定。 本条是对场所违法的处罚规定。 条例规定了场所应遵守的义务，也应规定违反法定义务的处罚措施，否则，违法不受惩罚，法律就成为摆设，将严重损害法律权威性与严肃性。本条对第十三条规定的五项义务做了两种不同的处罚规定，对于未建立控烟制度、未贴标识、未撤掉烟具的违法行为，责令限期改正。例如，没有贴标识的，贴了标识就是改正，有关部门可以视情况决定处以罚款或不罚。但是，对于违法吸烟不进行劝阻，这是一种更加严重的违法行为，产生了危害后果：二手烟危害了同一场所的公众和员工的健康，则发现就罚，不必给予期限改正。 《中华人民共和国行政处罚法》规定了行政处罚的种类，并且规定"地方性法规可以设定除限制人身自由、吊销企业营业执照以外的行政处罚"（第十二条），因此，本条例不能做吊销违法企业营业执照的规定。 **参考：**《北京市控制吸烟条例》第二十四条　场所的经营者、管理者违反本条例第十三条第一款规定的，按照下列规定处罚：

条例内容	立法说明、依据及参考
关部门处二千元以上三万元以下罚款。 **2. 单一部门为主执法模式** （一）场所的经营者、管理者违反本条例第十三条第一款第（一）至第（四）项规定的，由市或者区、县卫生行政部门责令限期改正，并可处二千元以上五千元以下的罚款；逾期不改正的，处五千元以上三万元以下罚款；情节特别严重的，责令停产停业。 （二）违反本条例第十三条第（五）项的，处二千元以上三万元以下罚款。	（一）违反本条例第十三条第一款第一项至第四项规定的，由市或者区卫生健康部门责令限期改正；拒不改正的，处二千元以上五千元以下罚款。 （二）违反本条例第十三条第一款第五项规定的，由市或者区卫生健康部门给予警告，并处五千元以上一万元以下罚款。 《**上海市公共场所控制吸烟条例**》第十八条　个人在禁止吸烟场所吸烟且不听劝阻的，由本条例第十六条规定的有关部门责令改正，并处以五十元以上两百元以下的罚款。 《**深圳经济特区控制吸烟条例**》第三十八条　禁止吸烟场所经营者或者管理者未履行本条例第十条规定职责之一的，由卫生健康主管部门、本条例第三十二条规定的有关部门按照职责范围予以警告，并责令改正；二十四个月内再有未履行本条例第十条规定职责之一情形的，处五千元以上三万元以下罚款。 《**西安市控制吸烟管理办法**》第二十六条　控制吸烟场所经营者、管理者未履行本办法第十四条规定义务的，由控制吸烟监督管理部门对经营者、管理者处五百元以上一千元以下罚款。 《**秦皇岛市控制吸烟办法**》第二十三条　禁止吸烟场所的经营者、管理者违反本办法第十三条第一款规定的，由卫生健康行政主管部门责令改正；拒不改正的，处五百元以上一千元以下罚款。 《**张家口市公共场所控制吸烟条例**》第十九条　禁止吸烟场所的经营者或者管理者违反本条例第十三条、第十四条，设置的吸烟区不符合规定或者未履行管理职责的，责令限期改正并处两千元以上五千元以下罚款；情节严重或拒不改正的，处五千元以上一万元以下罚款。 《**武汉市控制吸烟条例**》第三十一条　禁止吸烟场所的经营者、管理者未履行本条例第十一条规定义务的，由本条例第二十六条规定的有关部门按照职责责令限期改正，处二千元以上五千元以下罚款；逾期不改正的，处五千元以上一万元以下罚款。

条例内容	立法说明、依据及参考
第二十二条【室外吸烟点设置的违法处罚】 **1. 多部门执法模式** 违反本条例第十二条第三款第一项至第三项规定的,由本条例第二十条规定的相关部门责令限期改正,可处以一万元罚款;逾期不改正的,处二万元罚款。 违反本条例第十二条第三款第四项规定的,由有关部门根据《中华人民共和国消防法》处理。 **2. 单一部门为主执法模式** 违反本条例第十二条第三款第一至第三项规定的,由市或者区、县卫生行政部门责令限期改正,可处以一万元罚款;逾期不改正的,处二万元罚款。 违反本条例第十二条第三款第四项规定的,由有关部门根据《中华人民共和国消防法》处理。	**说明:**本条是本条例关于处罚违法设置吸烟点的规定。 **参考:**《北京市控制吸烟条例》第二十三条　场所的经营者、管理者违反本条例第十一条第二款规定的,按照下列规定处罚: 　（一）违反本条例第十一条第二款第一项、第二项规定的,由市或者区卫生健康部门责令限期改正。 　（二）违反本条例第十一条第二款第三项规定的,由消防救援机构依法查处。 　《深圳经济特区控制吸烟条例》第三十七条　设置吸烟点不符合本条例第九条第一、二、四、五项规定的,由卫生健康主管部门、本条例第三十二条规定的有关部门按照职责范围予以警告,并责令限期改正;逾期不改正的,处一万元罚款;有阻碍执法等情形的,处二万元罚款。吸烟点设置不符合消防安全要求的,由消防救援机构依照有关法律、法规予以处罚。
第二十三条【对个人违法行为的处罚】 **1. 多部门执法模式** 违反本条例规定,在禁	**说明:**本条是对个人违法吸烟的处罚规定。 　考虑到对个人违法吸烟行为的处罚,如果不当场收缴罚款,事后难以执行;考虑到《中华人民共和国行政处罚法》关于简易程序的规定,对公民个人处一百元以下的罚款可

条例内容	立法说明、依据及参考
止吸烟场所(区域)吸烟的,由本条例第二十条规定的相关部门责令改正,可以处一百元以下罚款并当场收缴;拒不改正的,处二百元罚款;有阻碍执法等情形的,处五百元罚款。 **2. 单一部门为主执法模式** 违反本条例规定,在禁止吸烟场所(区域)吸烟的,由市或者区、县卫生行政部门责令改正,可以处一百元以下罚款并当场收缴;拒不改正的,处二百元罚款;有阻碍执法等情形的,处五百元罚款。	以当场做出处罚决定(第五十一条),依照本法第五十一条的规定当场作出行政处罚决定,有下列情形之一,执法人员可以当场收缴罚款:(一)依法给予一百元以下罚款的;(二)不当场收缴事后难以执行的。(第六十八条)考虑到《中华人民共和国行政处罚法》规定行政机关实施行政处罚时,应当责令当事人改正或者限期改正违法行为,本条例规定对公民在禁止吸烟场所吸烟的,由相关部门责令改正,并罚款二百元以内。这样,既符合《中华人民共和国行政处罚法》的规定,也能够当场收缴罚款。如果认为有必要,还可以按照行政处罚的普通程序对吸烟者进行五百元以下的罚款。 **参考:**《**上海市公共场所控制吸烟条例**》第十九条 个人在禁止吸烟场所吸烟且不听劝阻的,由本条例第十六条规定的有关部门责令改正,并处以五十元以上两百元以下的罚款。 《**北京市控制吸烟条例**》第二十五条 个人违反本条例第十四条规定,在幼儿园、中小学校、少年宫、儿童福利机构等以未成年人为主要活动人群的场所吸烟的,由市或者区卫生健康部门责令改正,给予警告,可以并处二百元以上五百元以下罚款;在其他禁止吸烟场所或者排队等候队伍中吸烟的,由市或者区卫生健康部门责令改正,可以处五十元罚款,拒不改正的,处二百元罚款。 个人违反本条例第十四条规定,乱扔烟头的,由城市管理综合执法部门按照市容环境管理的相关法规予以处罚。 《**深圳经济特区控制吸烟条例**》第三十六条 违反本条例规定,在禁止吸烟场所吸烟的,由卫生健康主管部门、本条例第三十二条规定的有关部门按照职责范围责令改正,处五十元罚款并当场收缴;拒不改正的,处二百元罚款;有阻碍执法等情形的,处五百元罚款。 未成年人有前款规定情形的,由卫生健康主管部门、本条例第三十二条规定的有关部门按照职责范围予以训诫教育并责令改正。 《**秦皇岛市控制吸烟办法**》第二十二条 在禁止吸烟的场所(区域)吸烟的,由卫生健康行政主管部门责令改正,并处五十元以上一百元以下罚款;拒不改正的,处一百元以上二百元以下罚款。

条例内容	立法说明、依据及参考
	《武汉市控制吸烟条例》第三十条 个人违反本条例第七条、第八条规定，在禁止吸烟场所吸烟的，由本条例第二十六条规定的有关部门按照职责责令改正，可以处五十元罚款；拒不改正的，处二百元以上五百元以下罚款。
第二十四条【销售者违法行为处罚】 烟草制品、电子烟销售者违反本条例第十八条第一款、第二款规定的，由市场监督管理部门予以警告并责令限期改正；拒不改正的，处二千元以上一万元以下罚款。 烟草制品、电子烟销售者违反本条例第十八条第三款规定的，由市场监督管理部门处一万元以上三万元以下罚款。	**说明：**本条是对烟草制品及电子烟销售者违反本条例行为的处罚规定。 **依据：**《中华人民共和国未成年人保护法》第一百二十三条 相关经营者违反本法第五十八条、第五十九条第一款、第六十条规定的，由文化和旅游、市场监督管理、烟草专卖、公安等部门按照职责分工责令限期改正，给予警告，没收违法所得，可以并处五万元以下罚款；拒不改正或者情节严重的，责令停业整顿或者吊销营业执照、吊销相关许可证，可以并处五万元以上五十万元以下罚款。 《**国家市场监督管理总局 国家烟草专卖局关于禁止向未成年人出售电子烟的通告**》（市场监管总局通告 2018 年第 26 号）中规定，各级市场监管部门和烟草专卖行政主管部门将进一步加强对电子烟产品的市场监管力度，结合学校周边综合治理等专项行动督促各类市场主体不得向未成年人销售电子烟，并对生产销售"三无"电子烟等各类违法行为依法及时查处；学校、家庭加强对未成年人的教育与保护，强调电子烟对健康的危害；媒体加强未成年人吸烟包括吸食电子烟危害健康的宣传；任何组织和个人对向未成年人销售电子烟的行为应予以劝阻、制止。 《**关于进一步保护未成年人免受电子烟侵害的通告**》（烟草局 市场监管总局通告 2019 年第 1 号）中规定，按照《中华人民共和国未成年人保护法》的有关规定要求，为加强对未成年人身心健康的保护，各类市场主体不得向未成年人销售电子烟。任何组织和个人对向未成年人销售电子烟的行为应予以劝阻、制止。 为进一步加大对未成年人身心健康的保护力度，防止未成年人通过互联网购买并吸食电子烟，自本通告印发之日起，敦促电子烟生产、销售企业或个人及时关闭电子烟互联网销售网站或客户端；敦促电商平台及时关闭电子烟店铺，并将电子烟产品及时下架；敦促电子烟生产、销售企业

条例内容	立法说明、依据及参考
	或个人撤回通过互联网发布的电子烟广告。

参考：《北京市控制吸烟条例》第二十六条　烟草制品销售者违反本条例第二十条第一款规定的，由烟草专卖部门责令改正；拒不改正的，处 5 000 元以上 1 万元以下罚款。

烟草制品销售者违反本条例第二十条第二款第一项规定的，由烟草专卖部门处 1 万元以上 3 万元以下罚款。

烟草制品销售者违反本条例第二十条第二款第二项规定的，由工商行政管理部门依照烟草专卖的相关法律法规予以处罚。

烟草制品销售者违反本条例第二十条第二款第三项规定，通过自动售货机销售烟草制品的，由工商行政管理部门责令改正，并处 2 万元以上 5 万元以下罚款；通过信息网络非法销售烟草制品的，由工商行政管理部门责令改正，并处 5 万元以上 20 万元以下罚款。

《兰州市公共场所控制吸烟条例》第二十六条　烟草制品销售者未在售烟场所的明显位置设置吸烟有害健康和禁止向未成年人出售烟草制品的标识的，由相关监管部门予以警告，责令限期改正；逾期不改正的，处以二百元以上二千元以下的罚款。烟草制品销售者向未成年人出售烟草制品的，由相关监管部门责令改正，予以警告，并处五百元以上五千元以下的罚款。

《深圳经济特区控制吸烟条例》第三十九条　违反本条例第十三条第一款规定的，由市场监督管理部门责令限期改正，处二千元罚款；逾期不改正的，处一万元罚款。违反本条例第十三条第二款、第十四条、第十五条第一项规定的，由市场监督管理部门责令改正，并处三万元罚款。

《武汉市控制吸烟条例》第三十二条　违反本条例第十四条第一款规定的，依照《湖北省实施〈中华人民共和国未成年人保护法〉办法》的规定处罚。

烟草制品经营者违反本条例第十四条第二款规定的，由市场监督管理部门予以警告，并责令限期改正；逾期不改正的，处二千元以上五千元以下罚款。

条例内容	立法说明、依据及参考
第二十五条【对信息提供者违法行为的处罚】 互联网、移动通信等信息服务提供者违反本条例第十八条第三款第三项规定的,由市场监督管理部门责令改正;拒不改正的,处三万元罚款,并由通信管理部门依法关闭网站并吊销经营许可证或者注销备案。对非本地注册的信息服务提供者,由通信管理部门提请注册地通信管理部门依法处理。	**说明:**本条是本条例关于信息提供者违法行为处罚的规定。 **参考:**《深圳经济特区控制吸烟条例》第四十一条 互联网、移动通信等信息服务提供者违反本条例第十六条规定的,由市场监督管理部门责令改正;拒不改正的,处三万元罚款,并由通信管理部门依法关闭网站并吊销经营许可证或者注销备案。 对非本地注册的信息服务提供者,由通信管理部门提请注册地通信管理部门依法处理。
第二十六条【对违法烟草广告、促销和赞助处罚】 违反本条例第十九条第一项规定的,由市场监督管理部门依照《中华人民共和国广告法》及广告管理的相关法律法规予以处理。 违反本条例第十九条第二项、第三项规定的,由市场监督管理部门责令停止违法行为,并处五万元以上十万元以下罚款。	**说明:**本条是关于烟草广告与企业违规营销的处罚。 **依据:**《公约》第13条 烟草广告、促销和赞助 1.各缔约方认识到广泛禁止广告、促销和赞助将减少烟草制品的消费。2.每一缔约方应根据其宪法或宪法原则广泛禁止所有的烟草广告、促销和赞助。根据该缔约方现有的法律环境和技术手段,其中应包括广泛禁止源自本国领土的跨国广告、促销和赞助。就此,每一缔约方在公约对其生效后的五年内,应采取适宜的立法、实施、行政和/或其他措施,并应按第21条的规定相应地进行报告。 《中华人民共和国广告法》第五十七条 有下列行为之一的,由市场监督管理部门责令停止发布广告,对广告主处二十万元以上一百万元以下的罚款,情节严重的,并可以吊销营业执照,由广告审查机关撤销广告审查批准文件、一年内不受理其广告审查申请;对广告经营者、广告发布者,由市场监督管理部门没收广告费用,处二十万元以上一百万元以下的罚款,情节严重的,并可以吊销营业执照:(一)发布有本法第九条、第十条规定的禁止情形的广告的;(二)违反本法第十五条规定发布处方药广告、药品类易制毒化

条例内容	立法说明、依据及参考
	品广告、戒毒治疗的医疗器械和治疗方法广告的;(三)违反本法第二十条规定,发布声称全部或者部分替代母乳的婴儿乳制品、饮料和其他食品广告的;(四)违反本法第二十二条规定发布烟草广告的;(五)违反本法第三十七条规定,利用广告推销禁止生产、销售的产品或者提供的服务,或者禁止发布广告的商品或者服务的;(六)违反本法第四十条第一款规定,在针对未成年人的大众传播媒介上发布医疗、药品、保健食品、医疗器械、化妆品、酒类、美容广告,以及不利于未成年人身心健康的网络游戏广告的。 **参考:**《**北京市控制吸烟条例**》第二十七条 违反本条例第二十一条第一项至第三项规定的,由市场监督管理部门依照广告管理的相关法律法规予以处罚。 违反本条例第二十一条第四项规定的,由市场监督管理部门责令停止违法行为,并处五万元以上十万元以下罚款。 《**深圳经济特区控制吸烟条例**》第四十条 违反本条例第十五条第二、三、四项规定的,依照《中华人民共和国广告法》的规定予以处罚。 违反本条例第十五条第五、六项规定的,由市场监督管理部门责令停止派发、赠予行为,并对派发、赠予单位处十万元罚款。
第二十七条【妨碍公务】 违反本条例规定,扰乱社会秩序或者阻碍有关部门依法执行职务,违反《中华人民共和国治安管理处罚法》的,由公安机关依法予以处罚;构成犯罪的,依法追究刑事责任。	**说明:**本条是关于因违法吸烟行为构成其他治安处罚或刑事犯罪的规定。 **参考:**《**深圳经济特区控制吸烟条例**》第四十二条 违反本条例规定,阻碍有关部门依法执行职务或者扰乱社会秩序,情节严重的,由公安部门依照《中华人民共和国治安管理处罚法》予以行政拘留;构成犯罪的,依法追究刑事责任。 《**北京市控制吸烟条例**》第二十八条 在禁止吸烟场所吸烟不听劝阻,构成扰乱社会秩序或者阻碍有关部门依法执行职务等违反治安管理行为的,由公安部门依法予以处罚;构成犯罪的,依法追究刑事责任。 《**上海市公共场所控制吸烟条例**》第二十条 对在禁止吸烟场所内吸烟,不听劝阻且扰乱社会秩序,或者阻碍有关

続表

条例内容	立法说明、依据及参考
	部门依法执行职务,违反《中华人民共和国治安管理处罚法》的,由公安部门予以处罚;构成犯罪的,依法追究刑事责任。

　　《西安市控制吸烟管理条例》第二十七条　对在禁止吸烟场所内吸烟,且不听劝阻,扰乱正常的经营、工作秩序,或者阻碍有关部门依法执行职务,违反《中华人民共和国治安管理处罚法》的,由公安机关予以处罚;构成犯罪的,依法追究刑事责任。

　　《张家口市公共场所控制吸烟条例》第十八条　在禁止吸烟场所吸烟不听劝阻,构成扰乱社会秩序或者阻碍有关部门依法执行职务等违反治安管理行为的,由公安部门依法予以处罚;构成犯罪的,依法追究刑事责任。

　　《武汉市控制吸烟条例》第三十三条　违反本条例规定,妨碍有关部门依法执行职务或者扰乱社会秩序的,由公安机关依法处理。 |
| **第二十八条【行政问责】**政府有关部门及其工作人员不依法履行控制吸烟职责,或者滥用职权、徇私舞弊的,由其上级机关或者监察机关依法追究直接负责的主管人员和其他直接责任人员的行政责任;构成犯罪的,依法追究刑事责任。 | 　　说明:本条是关于对政府部门及其工作人员违法行为行政问责的规定。

　　参考:《深圳经济特区控制吸烟条例》第四十三条　相关部门及其工作人员在控烟工作中,不履行职责或者不正确履行职责的,对直接负责的主管人员和其他直接责任人员依法给予处分;构成犯罪的,依法追究刑事责任。

　　《上海市公共场所控制吸烟条例》第二十一条　控烟行政管理部门、监督执法机构及其工作人员在控烟工作中,不依法履行职责或者徇私舞弊的,对直接负责的主管人员和其他直接责任人员依法给予处分;构成犯罪的,依法追究刑事责任。

　　《北京市控制吸烟条例》第二十九条　政府有关部门及其工作人员不依法履行控制吸烟职责,或者滥用职权、谋取私利的,依法给予处分;构成犯罪的,依法追究刑事责任。

　　《张家口市公共场所控制吸烟条例》第二十条　相关监管部门及其工作人员在控烟工作中,不依法履行职责或者徇私舞弊的,对负有责任的主管人员和其他直接责任人员,依法给予处分;构成犯罪的,依法追究刑事责任。

　　《武汉市控制吸烟条例》第三十四条　国家机关及其工 |

续表

条例内容	立法说明、依据及参考
	作人员违反本条例规定，不依法履行控制吸烟职责，或者滥用职权、徇私舞弊的，依法追究直接负责的主管人员和其他直接责任人员的责任。
第二十九条【相关概念】 本条例所称吸烟，是指拥有或支配已点燃或者加热的烟草制品以及电子烟等衍生制品，而不论是否实际吸入或呼出烟雾。 室内，是指有顶部遮蔽且四周封闭总面积达百分之五十以上的所有空间，不论顶部、侧面使用了何种物料，也不论该结构是永久的还是临时的。	**说明：**本条是关于本条例相关概念的解释。 明确了不管是否吸入或呼出烟雾，只要拥有或支配点燃的烟草制品，只要拥有或支配已加热的电子烟，即为"吸烟"。该款规定有利于减少对于何谓"吸烟"这一基础性概念的争议，有利于公众守法和执法主体的执法。对于"吸烟"的概念，借鉴了《公约》第八条的实施准则中关于吸烟的界定。 **依据：《公约》-《第8条的实施准则》** 13.在制定法律时，必须谨慎定义主要术语。这里根据众多国家的经验，列明了对适当定义的一些建议。本节所载定义补充了已纳入《公约》中的定义。17."吸烟"这一术语应定义为包括拥有或支配点燃的烟草制品，而无论是否实际吸入或呼出烟雾。19."室内或者封闭的"第8条要求防止"室内"工作场所和公共场所的烟草烟雾。由于定义"室内"区域时可能会有陷阱，应当专门研究各国定义这一术语的经验。定义应尽可能包容和清晰，应注意在定义中避免列出清单，以防止被解释为排除了潜在的有关"室内"区域。建议"室内"（或"封闭的"）区域可定义为包括有顶部遮蔽或一或多处墙壁或侧面环绕的任何空间，而不论顶部、墙壁或侧面使用了何种物料，也不论该结构是永久的还是临时的。 **参考：《深圳经济特区控制吸烟条例》第四十四条** 本条例中下列用语的含义： （一）吸烟，是指使用电子烟、持有点燃或者加热不燃烧的其他烟草制品。 （二）烟草制品，是指全部或者部分由烟草作为原材料生产的供抽吸、吸吮、咀嚼或者鼻吸的制品以及电子烟。 （三）电子烟，是指汽化并向使用者的肺部输送由尼古丁（或者无尼古丁）、丙二醇和其他化学物质组成的混合物的一种装置。 第四十五条 本条例所称室内，是指有顶部遮蔽且四周封闭总面积达百分之五十以上的建筑物、构筑物内的所有空间。

条例内容	立法说明、依据及参考
	《**西安市控制吸烟管理办法**》第三十条　本办法下列用语的含义是： 公共场所，是指公众可以进出或者使用的场所、工作期间使用的场所。 室内，是指有顶部遮蔽并且有两面以上侧墙的任何空间，包括楼梯、走廊、地下通道、楼道间、电梯轿厢等。 室外，是指由建筑物所有人或者使用人实际控制的，建筑物以外的区域。 《**秦皇岛市控制吸烟办法**》第二十五条　本办法所称下列用语的含义是： 公共场所，是指公众可以进入的场所或者供集体使用的场所。 室内，是指有顶部遮蔽并且侧面有两面以上环绕的任何空间，包括电梯、走廊、地下通道、楼梯间、卫生间等。 烟草制品，是指全部或部分由烟叶作为原材料生产的供抽吸、吸吮、咀嚼或鼻吸的制品，主要包括卷烟、雪茄烟、烟丝、复烤烟叶，以及电子尼古丁传送系统和电子非尼古丁传送系统。 烟草广告和促销，是指任何形式的商业性宣传、推介或活动，其目的、效果或可能的效果在于直接或间接地推销烟草制品或促进烟草使用。烟草赞助，是指目的、效果或可能的效果在于直接或间接地推销烟草制品或促进烟草使用的，对任何事件、活动或个人的任何形式的捐助。 《**张家口市公共场所控制吸烟条例**》第三条　本条例所称吸烟，是指吸食或者携带点燃的卷烟、雪茄烟、烟丝、烟叶等烟草制品以及电子类烟制品。 《**武汉市控制吸烟条例**》第三十五条　本条例中下列用语的含义： 吸烟，是指吸入、呼出烟草的烟雾或者有害电子烟气雾，以及持有点燃的烟草制品的行为。 室内，是指有顶部遮蔽且四周被围封面积达四周总面积 50% 以上的建筑物、构筑物内的所有空间。
第三十条【实施时间】 本条例自 ××××年×月×日起施行。	**说明**：本条是关于本条例实施时间的规定。

附件三:爱卫条例、文明行为促进条例中控烟条款的建议范本

一、《爱国卫生管理条例》中控烟条款的推荐写法

爱卫条例的制定或修改中涉及控烟的条款可以参考以下方式。

第一条　市和县(市)、区人民政府设立的爱国卫生运动委员会(以下简称爱卫会)是人民政府的议事协调机构,负责组织、协调爱国卫生工作,其主要职责如下。

（1）××××××

……

(n) 组织、协调、指导、监督各部门、各行业的控烟工作

……

爱国卫生运动委员会的日常办事机构设在同级卫生行政部门。

（说明:本条是爱卫条例中通常出现的内容,但其中对爱卫会的职责设定中没有把控烟当作是一项日常工作职责,建议在爱卫会职责里,把控烟单独写入,以示重视。）

......

第 N 条　市和区、县爱国卫生运动委员会制定控烟工作的政策、措施,组织开展控烟工作宣传教育活动,组织社会组织和个人开展社会监督,监测、评估单位的控制吸烟工作并定期向社会公布,对在控制吸烟工作中作出突出贡献的单位和个人给予表彰、奖励。

市爱国卫生运动委员会应当每年向社会公布本市控烟工作情况。

(说明:该条款是对于爱卫会控烟工作的一个总则性的规定,明确各级爱卫会在控烟工作中的具体职责。)

......

第 M 条　室内公共场所、室内工作场所和公共交通工具内禁止吸烟(含电子烟),禁烟场所入口处及显著位置应设置醒目的禁烟标识。

第 M+1 条　禁止烟草广告促销赞助,禁止向未成年人出售烟草制品(含电子烟)。

第 M+2 条　禁止吸烟场所的经营者、管理者应当在场所入口及其他显著位置设置明显的禁止吸烟标识和举报、投诉电话及相应处罚金额;开展禁止吸烟检查工作,制作并留存相关记录;不得配备与吸烟有关的器具或者附有烟草广告的物品;对在禁止吸烟场所内的吸烟者予以劝阻,对不听劝阻的,要求其离开该场所。

第 X 条　场所的经营者、管理者违反本条例第 M+2 条规定的,由市、区(县)卫生行政部门(或该场所行政主管部门)责令限期改正,并可处二千元以上五千元以下的罚款;逾期不改正的,处五千元以上一万元以下罚款;逾期不改正或情节严重的,处五千元以上三万元以下罚款;情节特别严重的,责令停产停业。

第 X+1 条　违反本条规定在禁止吸烟场所吸烟的,由市、区县卫生行政部门(或该场所行政主管部门)责令改正,并处以五十元罚款;拒不改正的,处五十元以上二百元以下罚款。

(说明:上述条款是具体的禁烟范围、执法处罚条款,以及禁止烟草广告、促销、赞助条款。因为爱卫条例所管辖的事项,传统上都是卫生行政部门职责下的,所以,基本上凡是写了执法主体的,都是卫生行政部门。但是,从控烟实践看,很多地方通过专门的控烟立法,把执法权也赋予了其他行政机关,执法效果也很好。因此,在爱卫条例中,也可以考虑把法律责任这一两条中的执法主体写成多部门执法,例如:"由该场所的主管行政机关……")

如爱卫条例中只有一个条款涉及控烟工作,则可以参考以下方式来制定或修改:

第 N 条　加强控烟宣传教育,倡导健康生活方式。室内公共场所、工作场所和公共交通工具内禁止吸烟(含电子烟),禁烟场所应设置醒目的禁烟标识。全面推行无烟机关、无烟单位建设。禁止烟草广告,禁止向未成年人出售烟草制品(含电子烟)。控烟工作纳入卫生先进单位创建、健康单位建设活动内容。

第 M 条　违反本条例第 N 条规定,在室内公共场所、工作场所和公共交通工具内吸烟的,任何个人均有权劝阻或举报,由市、区县卫生健康主管部门责令改正,并处以五十元罚款;拒不改正的,处五十元以上二百元以下罚款。

前款规定的禁烟场所的经营者、管理者对违法吸烟行为不予劝阻、制止的,由市、区县卫生健康主管部门予以警告,并处二千元以上一万元以下罚款。

违法发布烟草广告,或向未成年人出售烟草制品(含电子烟)的,由市、区县市场监督管理部门依照《中华人民共和国广告法》《中华人民共和国未成年人保护法》及相关法律法规予以查处。

二、《文明行为促进条例》中控烟条款的推荐写法

关于文明行为促进条例中控烟条款,可以在禁止性规定或者需要治理的不文明行为中,把吸烟作为一项内容单独规范;具体如下。

第 N 条　下列场所禁止吸烟

(一)室内公共场所、室内工作场所、公共交通工具和电梯轿厢内;

(二)幼儿园、中小学校、少年宫、儿童福利机构等以未成年人为主要活动人群的室内外场所;

(三)法律、法规、规章规定的,以及市、县(区)人民政府依法确定的其他禁止吸烟场所。

前款规定的禁止吸烟场所的经营管理单位,应当设置醒目的禁止吸烟标志,对吸烟行为予以劝阻;对不听劝阻的,应当及时报告当地卫生行政部门,并可以拒绝提供有关服务。

也可以在公民应遵守的一系列基本文明行为规范中,把"不在室内公共场所、室内工作场所、公共交通工具吸烟"作为一项内容列出。

第N条　公民应遵守公共环境文明行为规范

（1）×××××××

……

（n）不在室内公共场所、室内工作场所、公共交通工具内和其他有禁烟标识的场所吸烟

……

在法律责任的规定中,要有相应的违法处罚规定。

第M条 "违反本条例第N条(第n项)规定,在室内公共场所、室内工作场所、公共交通工具内和其他有禁烟标识的场所吸烟的,任何单位和个人均有权投诉、举报,由卫生行政部门责令改正,并处五十元以上二百元以下罚款。"

"禁止吸烟场所的经营者、管理者对违反规定的吸烟行为不予劝阻、制止,由卫生行政部门予以警告,并处二千元以上一万元以下罚款。"

附件四:城市控烟执法效果评估方案

一、开展控烟执法评估工作概述

控烟执法评估的目的是为控烟法规实施做准备及评估法规实施后的效果。在制订评估计划时应考虑以下几个因素:全面无烟立法进程,有关法律的具体规定,场所可用的资源,公众的支持程度,法律实施后的遵守情况及对本地区的益处等。这些信息都是政策制定者、新闻媒体、场所经营者或管理者、公众等非常关注的,是本地区是否有效开展控烟及控烟执法工作的总结。通过评估工作,能够及时发现控烟执法准备和实施过程中的亮点、问题和不足,使控烟管理者等能够及时发现问题并及时解决。

(一) 如何开展控烟执法评估工作

根据国内多地和国外的经验,有效评估控烟执法进展情况,需要从以下 5 个方面开展工作,即:公众对控烟立法和执法的支持情况,禁烟场所和公众对控烟法规的遵守情况,条件允许可以采用客观指标监测禁烟场所受到烟草烟雾污染的情况,实施控烟条例对员工等的健康影响,以及对场所经济收入等的影响。

1. 公众对控烟立法和执法的支持情况

通过调查评估公众对二手烟影响健康的认识以及对无烟立法的支持情况。公共支持在法律通过之前非常有用,可以让政策制定者坚定立法信心。法律通过并实施后,跟踪公众支持水平以及公众支持水平随时间的变化。

2. 禁烟场所和公众对控烟法规的遵守情况

评估禁烟场所和公众对无烟法律的遵守情况。评估指标为遵守率、法律实施的进展情况、确定需要加大教育和执法力度的场所和地理区域的类型,并监控随时间进展的遵守趋势。

3. 空气质量监测

使用小型便携式设备来测量悬浮在空气中的细颗粒物。可在法律生效之前记录允许吸烟的场所空气质量,法律生效后,用于评估这些场所的空气质量变化。有条件可以监测禁烟场所空气中尼古丁的含量。

4. 对员工的健康影响

评估法律生效之前和法律实施之后场所非吸烟员工的二手烟暴露、相关健康问题及变化情况。法律生效前后的数据收集,是开展该评估工作的关键前提。

5. 对部分禁烟场所的经济影响

使用有关就业水平和应税销售收入的客观数据来评估无烟法规对餐厅、酒吧等场所的经济影响。

（二）开展控烟执法评估方法概述

评估类型	为什么需要这些信息	需要得到的信息	如何让信息可信	获得信息的时间点	评估方法
公众支持	法律通过之前： • 评估公众对二手烟危害健康的认知 • 评估公众准备情况 • 记录公众对无烟环境和拟议法律的支持程度 法律实施后： • 评估公众对法律的支持水平以及这些水平随时间的变化 • 记录社会规范的变化 • 监测公众支持率	• 支持全面无烟法律的人口比例以及这种情况如何随时间变化 • 知道并关注二手烟对健康影响的人口比例	• 调查需要获得有关机构审查批准 • 注意在调查问题上使用公正的措辞 • 如果可能，请使用现有公开调查中的标准问题	• 在法律生效前的几个月内、此日期后的几个月内以及此后定期(例如每年)收集数据	• 使用包括相关问题的现有人口健康调查 • 在现有人口健康调查的基础上添加问题 • 使用方便抽样调查
遵守	法律实施后： • 评估对法律的遵守情况 • 确定需要加大教育和执法力度的场所类型和地理区域 • 随着时间的推移监控遵守性，以评估遵守趋势并解决任何出现的新问题	• 遵守法律的场所比例，以及这种情况如何随时间变化 • 有关场所为遵守法律而采取的措施(例如，张贴"禁止吸烟"标志、移除烟具) • 报告曾在场所内观察到吸烟的顾客比例	• 不要期望所有场所都完全遵守 • 某些类型的场所和某些地理区域通常需要比其他场所更长的时间才能达到高遵守率 • 在高峰工作时间进行观察以反映真实情况	• 在法律生效之前收集基线数据以便后续评估场所吸烟水平的变化 • 在法律生效前的几个月内、之后的几个月以及此后定期(例如每年)收集数据	• 使用包含相关问题的现有人口健康调查 • 在现有人口健康调查的基础上添加问题 • 组织志愿者进行观察性研究 • 分析执法机构的记录

评估类型	为什么需要这些信息	需要得到的信息	如何让信息可信	获得信息的时间点	评估方法
空气质量监测	在法律通过之前： • 记录允许吸烟场所的空气质量 • 建立衡量变化的基线 法律实施后： • 记录空气质量的变化	• 可吸入悬浮颗粒或颗粒物的浓度 • 吸烟密度(燃烧卷烟的平均数量) • 平均违法吸烟人数 • 场地的体积 • 有关场地吸烟政策的标志	• 需要空气质量监测设备和计算机软件 • 对数据收集者进行培训 • 在高峰工作时间获取空气质量测量值 • 监督数据处理和分析过程	• 如果可能,应在法律生效前的几个月内和生效后的几个月内收集数据。持续收集数据(例如,法律生效后1年)	• 需要志愿者或工作人员进行测量
员工健康	法律通过之前： • 记录场所非吸烟员工的二手烟暴露和相关健康问题 法律实施后： • 记录禁烟场所内不吸烟员工接触二手烟和相关健康问题的变化 • 记录全面禁烟场所工作人员的暴露和相关健康问题,并将这些结果与法规生效前该场所工作人员的结果进行比较	• 唾液或尿液中可替宁水平 • 自我报告的二手烟暴露率和持续时间 • 自我报告的健康感受和呼吸道症状情况 • 尿液中4-(甲基硝基氨)-1-(3-吡啶基)-1-丁醇(NNAL)水平,以及NNAL水平高于检测限的工人比例 • 肺功能测量(肺活量测定) • 法律生效后,这些指标如何随时间变化	• 需要仔细规划和充分的准备时间 • 进行调查或访谈、采集唾液或尿液样本以及测量肺功能需要伦理委员会批准 • 与在收集和分析生物样本方面经验丰富的研究人员合作 • 需要实验室服务来分析唾液或尿液样本	• 基线数据应在法律生效前几个月内收集 • 应在法律生效后数月内收集在基线抽样的同一员工的后续数据 • 法律生效一年后再次收集数据,记录员工长期变化	• 使用自行收集、邮寄的唾液可替宁标本的研究,并结合电话调查评估不吸烟员工自我报告的二手烟暴露情况、感觉和呼吸道症状 • 可替宁水平,尿液中的NNAL水平;可能的话,与个人访谈相结合 • 使用肺量计测量肺功能,并结合个人访谈

评估类型	为什么需要这些信息	需要得到的信息	如何让信息可信	获得信息的时间点	评估方法
经济影响	在法律通过之前： • 对场所进行客观经济影响研究 法律实施后： • 收集客观的当地经济数据及有关法律对场所经济影响的信息	有关该法律对场所经济影响的信息，包括： • 就业水平 • 应税销售收入，通常以季度为增量提供 • 已开放或关闭的场馆数量 • 颁发给餐厅和酒吧的许可证数量 • 自我报告的消费者惠顾意图或模式	• 获得客观经济数据需要时间：就业数据大约需要几个月，应税销售收入数据大约需要1个月 • 拥有足够的法律前后数据来可靠地确定趋势（法律生效后至少一年的数据） • 控制潜在的经济趋势变化和季节性变化因素	• 法律通过前，利用其他无烟场所进行客观研究的结果来解决决策者的担忧 • 法律生效后，分析客观经济数据变化并报告调查结果 • 法律生效前的基线数据通常由政府收集	• 获取和分析关于就业水平、应税销售收入、企业开办和关门以及颁发许可证的公开数据 • 在现有调查中添加有关消费者惠顾意图或模式的问题 • 如果可能，除了比较法律生效前后经济指标外，还将与未实施无烟法律的类似数据进行比较

二、城市控烟执法效果评估方案

(一) 目标

截至2024年5月31日,我国已有24个省（自治区、直辖市）、200多个设区市及以上城市实施了控烟相关法规,其中有20多个城市的法律法规已符合世界卫生组织《公约》和《健康中国行动（2019—2030年）》控烟行动的要求,大部分城市都依法开展控烟工作,取得了一定的成绩。为客观评估城市控烟执行情况,在第一部分评估工作概要的基础上,编写此方案,以供实施控烟相关法规的城市对其控烟执法情况进行评估,及时发现执法过程中存在的问题,为国家和地方制定和实施无烟环境法规提供科学依据。

(二) 评估的主要内容

1. 无烟场所违法吸烟情况(观察法);

2. 部分无烟场所 $PM_{2.5}$ 水平;

3. 部分无烟场所人群二手烟暴露情况;

4. 无烟场所管理者或经营者对实施全面无烟法规的知识、态度等;

5. 部分执法人员对控烟执法的知识、态度等。

(三) 组织实施

1. 控烟办公室

控烟办公室负责制定统一的调查方案,编写培训教材,培训城市调查队伍,为现场调查工作提供技术支持与咨询。在调查过程中,组织专家对现场工作进行督导和质控。

2. 控烟立法城市

城市控烟执法相关机构负责对本市调查进行总体安排,在调查过程中进行督导质控并协助调查执行机构及时解决遇到的问题;城市调查执行机构负责根据项目方案,组建调查队伍,参加国家级培训,按照统一的调查方案开展现场调查。

(1) 现场工作队伍组建:城市根据现场工作需要,组建现场工作队伍,包括城市评估相关人员和城市调查执行机构相关人员。

城市评估相关人员包括以下。

1) 评估协调员:负责现场调查的总体安排,必要时协助调查执行机构解决遇到的问题,并及时向控烟办反馈调查进度及问题。

2) 评估督导员:在现场调查过程中随时进行督导质控,发现问题及时向协调员汇报,并与调查执行机构及时沟通以解决问题。

城市调查执行机构相关人员包括以下。

1) 评估管理人员:负责现场调查的管理协调、督导与质控。

2) 调查员:20 名,负责进行场所观察与问卷调查。调查员可以从当地高校、疾控机构和医疗机构的卫生工作人员中选聘,也可聘请专业调查人员或有经验的高校学生。

3) 数据管理员:1~2 名,负责问卷的分配、收集整理与提交。

4) 质控员:1~2 名,负责对现场调查工作进行质控,检查问卷的填写情况。

(2) 开展现场调查:现场调查涉及观察、$PM_{2.5}$ 监测。评估管理人员须根据调查对象的类型灵活安排合适的调查员。一般情况下,两名调查员一组进行现场观察与问卷调查。如果调查对象是机构负责人,则须安排高资历的调查员进行调查。

每天的调查工作开始前,数据管理员将相应的问卷分配给调查员,调查员确认问卷和调查所需物品是否齐全,发放和领取要有记录和签名。当天或当次调查结束后,调查员随时对问卷进行自查并签名,将完成的问卷交给数据管理员。质控员须对所有完成的问卷填写情况进行检查,确认无错项、漏项后在问卷上签名。

在调查过程中,项目督导员及项目管理人员须深入现场进行督导与质控,及时解决出现的问题。每天召开现场工作会议,总结现场工作并将质控结果反馈给调查员。

(四)数据管理

现场工作产生的数据包括两部分:问卷调查数据(工作场所/公共场所二手烟暴露情况调查)、访谈录音和转录文档,以及过程记录数据(工作总结、工作照片等)。为确保调查数据安全可信,现场调查结束后,城市评估实施单位应及时按照控烟办公室下发的数据库录入调查问卷,录入完成后将原始问卷邮寄至控烟办公室,同时将调查过程中产生的过程记录数据(工作总结、工作照片等)刻盘,邮寄至控烟办公室。记录现场工作过程的文件、照片等数据,各城市需要保存,以备接受督导检查。访谈调查由控烟办公室配合开展,调查完成后即可得到录音资料,经转录后分析。

(五)质量控制

为了本次调查的顺利实施并保证调查质量,必须对调查的每一个环节采取严格的质量控制措施,使调查数据尽可能客观反映真实情况。质量控制应贯穿整个调查过程,包括方案设计、培训、现场调查、数据管理以及分析。

1. 方案设计

控烟办公室制定调查方案及调查问卷,并组织专家对方案和问卷进行研讨,讨论方案可行性,初步确定调查内容和实施方法。通过开展预调查,进行实际操作,发现方案及问卷中的问题,及时修改完善。

2. 组织培训

制定统一的培训计划和培训教材,由控烟办公室直接对各城市执行机构技术负责人及现场调查员、质控员、数据管理员进行统一的培训。

3. 调查实施

各城市的督导员及质控员对现场工作的全过程包括抽样、现场调查、数据管理等进行质量控制,通过照片、文字的形式对质控的过程和结果进行记录。各城市的数据管理员需对每天的问卷收发进行记录(附表 4-1)。

4. 数据管理

为确保调查数据的准确性,调查问卷采用双人双录入并核对检查。

5. 督导

各城市评估执行机构对现场调查随时进行督导。控烟办公室将组织专家对各城市的现场工作进行督导。

(六) 时间安排

调查时间为××××年××月××日—××月××日,具体安排如下。

1. 前期筹备(××××年××月××日—××××年××月××日)

(1) 制定、完善方案和调查问卷

(2) 开展培训

(3) 各城市筹备现场工作

2. 调查实施(××××年××月××日—××××年××月××日)

(1) 现场调查

(2) 现场督导和质控

3. 数据提交及报告撰写(××××年××月××日—××××年××月××日)

(1) 资料整理收集

(2) 数据提交

(3) 撰写评估工作报告

附表 4-1 各城市控烟执法评估调查场所数量统计

城市	行政区	医疗卫生机构	教育机构	政府办公大楼	机场、码头、火车站、汽车站、地铁站、港口	出租车	企业/写字楼	住宿宾馆/酒店	餐厅(餐厅分类)	网吧	合计
		三级医院:每个城市2家 二级医院:每个区2家 社区卫生服务站:每个区3家	大学:每个城市2所 中职:每个区5所 中小学:每个区10所	行政区内,市委、市政府、人大和政协主要办公楼各1处;区政府、区委、政协、人大主要办公楼各1处;市级、区级各办公楼各1处;	机场:1处 火车站:2~3个 汽车站:2~3个 地铁站或轻轨站售票厅、候车室:4~5个 港口:行政区内的所有港口;有港口	每个城市调查10辆	每个区调查2家幢	四星级及以上宾馆:每个区3家 三星级宾馆:每个区3家 三星级以下宾馆:每个区3家	1. 特大型餐馆:每个城市2家 2. 大型餐馆:每个区2家 3. 中型餐馆:每个区3家 4. 小型餐馆:每个区5家	每个区2家	

三、无烟场所违法吸烟情况调查

(一) 目的

通过对城市无烟场所违法吸烟情况的调查(包括现场观察违法吸烟情况、禁烟标识、劝阻情况等及场所内空气 $PM_{2.5}$ 浓度检测),了解无烟场所执行无烟法规情况,评估无烟法规的实施效果。

(二) 内容和方法

1. 现场观察

通过照片和文字的形式,对选定场所内外的禁烟标志、禁烟规定执行情况及烟草销售等情况进行观察和记录,所有情况记录入表,详见附件四第五部分。

2. 场所内空气 $PM_{2.5}$ 浓度检测

使用个人型气溶胶监测仪监测无烟场所内 $PM_{2.5}$ 浓度,了解场所内烟草烟雾浓度。使用"$PM_{2.5}$ 采样记录表"记录监测环境。具体方案见附件四第五部分。

(三) 调查数量及具体步骤

1. 场所类型、数量和调查内容

详见附表 4-2。

2. 场所调查具体步骤

(1) 场所观察过程及调查路线

1) 拍摄该场所的建筑外观,并记录场所名称;

2) 进入场所大厅;

3) 场所室内每个楼层(男厕所、走廊、楼梯、随机单个办公室或服务业包间);多个楼层观察不少于 2 层;

4) 场所电梯:观察时间不少于 3 分钟。

场所总调查时间:单个场所总调查时间不少于 20 分钟。观察时段应按照附表 4-2 要求进行。

(2) 场所观察内容:详见附件四第五部分。

附表 4-2　调查场所类型、数量及调查内容

场所类别	各场所数量	调查时间	调查范围	PM$_{2.5}$检测	备注
医疗卫生机构	三级医院:每个城市抽取 2 家 二级医院:每个区抽取 2 家 社区卫生服务站:每个区抽取 3 家	10:00—16:00	室外区域、门诊大厅、楼梯走廊、电梯、男厕所、能进去的诊室。综合医院,至少一个门诊大厅,一个住院部	选取 50%的观察场所进行检测	每个城市不少于 10 家二级及以上医院
教育机构	大学:每个城市 2 所 中职:每个区 5 所 中小学:每个区 10 所	周一至周五 9:00—16:00（中小学校选择放学时段）	室外区域、1 个教学楼、1 个行政楼、1 个住宿楼。楼梯走廊、电梯、男厕所、能进入的办公室和教室。除幼儿园、中小学校以外的教育机构室外,观察区域仅限于教学、活动区域	选取 50%的观察场所进行检测	

场所类别	各场所数量	调查时间	调查范围	PM$_{2.5}$检测	备注
政府办公大楼	行政区内市委、市政府、人大和政协主要办公楼各一处；区政府、区委、政协、人大主要办公楼各一处；市级、区级各委办局办公楼各一处	工作时间9:00—12:00;14:00—17:00	大厅、办公室、楼梯走廊、电梯、男厕所、所有能观察到的空间	是	各委办局若在一处办公，则调查一处即可
机场、码头、火车站、汽车站、地铁站、港口	机场:1处 火车站:2~3个 汽车站:2~3个 地铁站或轻轨站售票厅、候车室:4~5个 港口:行政区内的所有港口	7:00—19:00	大厅、等候厅、楼梯走廊、电梯、男厕所、所有能观察到的空间	是	以市为单位计算
出租车	调查10辆	全天24小时均可	车厢内	否	
企业写字楼	每个区调查2家	工作时间9:00—12:00;14:00—17:00	大厅、办公室、楼梯走廊、电梯、男厕所、所有能观察到的空间	是	每个城市调查总数量不低于10家
住宿宾馆/酒店	四星级及以上宾馆:每区3家 三星级宾馆:每区3家 三星级以下宾馆:每区3家	11:00—14:00;18:00—22:00	前台大堂、楼梯走廊、电梯、客房公共区域、公用男厕所、所有能观察到的空间	每个级别2家	

场所类别	各场所数量	调查时间	调查范围	PM$_{2.5}$检测	备注
餐厅	1. 特大型餐馆:指经营场所使用面积在3 000m² 以上(不含3 000m²),或者就餐座位数在1 000座以上(不含1 000座)的餐馆;每个城市2家 2. 大型餐馆:指经营场所使用面积在500~3 000m²(不含500m²,含3 000m²),或者就餐座位数在250~1 000座(不含250座,含1 000座)的餐馆;每个区2家 3. 中型餐馆:指经营场所使用面积在150~500m²(不含150m²,含500m²),或者就餐座位数在75~250座(不含75座,含250座)的餐馆:每个区3家 4. 小型餐馆:指经营场所使用面积在150m²以下(含150m²),或者就餐座位数在75座以下(含75座)以下的餐馆:每个区5家 如面积与就餐座位数分属两类的,餐馆类别以其中规模较大者计	11:30—13:30;18:00—20:00	就餐大厅、包间、楼梯走廊、电梯、男厕所、所有能观察到的空间	是	餐馆(又称酒家、酒楼、酒店、饭庄等):指以中餐为主要经营项目的单位(包括火锅店、烧烤店等),西餐、日餐、韩餐等除外

续表

场所类别	各场所数量	调查时间	调查范围	PM$_{2.5}$检测	备注
网吧	每个区2家	周末10:00—22:00	大厅、楼梯走廊、电梯、男厕所、所有能观察到的空间	是	每个城市调查总数不低于10家

注:1. 场所每个观察点观察时间不少于3分钟,每个场所合计时间不少于20分钟,两层楼以上的场所至少观察两层楼。

2. 拍照要求:①拍摄场所的建筑外观;②拍摄场所禁烟标识;③拍摄场所内有烟头的地方;④照片设置拍照时间。

3. 上述场所观察记录表、PM$_{2.5}$检测记录表见附件四"五、调查问卷"。

(四)现场实施

1. 现场观察

现场观察由两名调查人员共同配合进行,随时解决调查过程中出现的问题。根据调查表上的分类选择室内场所进行观察,尽可能反映场所内被动吸烟真实情况。记录当时观察到的情况,除非问卷上特殊要求,不得对没有观察到的情况进行询问。

出租车观察由调查员在街道上选择搭乘运营中的出租车进行观察。为便于观察,选择后排座位就座。记录车内禁烟标志张贴情况,并询问能否抽烟。公共汽车及长途车的观察尽量选择运营时间符合观察要求的线路。上车后选择在车厢中部进行观察。

观察时间的选择:附表4-2已经对应给出可以观察的时间,原则上以上述要求为准,城市可依据本地实际情况进行修正,但均应选在对外营业时间观察,尽量选择人流相对较多的时间段。餐厅观察选在午饭、晚饭就餐高峰时段开展(推荐 11:30—13:30,17:30—20:30,可根据本地情况调整)。其他娱乐场所也应根据当地情况选择营业的高峰时间段。如酒吧观察选在深夜高峰时间,网吧观察应尽量选择下午及晚上时间。

2. 空气 $PM_{2.5}$ 浓度监测

为节约人力物力,可在进行现场观察的同时开展 $PM_{2.5}$ 监测。餐厅监测选择午餐或晚餐的就餐高峰时段开展(参考现场观察时间)。其他机构的监测可以在现场观察的同时进行。

在进入监测场所前 5 分钟打开仪器,开始监测室外 $PM_{2.5}$ 浓度。5 分钟后进入室内,监测实时 $PM_{2.5}$ 浓度,连续监测 30 分钟以上。如在一个场所内监测两个点,可连续测量,两个点之间不需关机,但每个点都需要填写一份"$PM_{2.5}$ 采样记录表",记录以下情况。

该监测点基本情况,包括名称、地址、电话、一公里内有无主干道及工地等。

仪器开始及停止监测时间,进入及离开监测点时间。

室内人数及场所内燃着卷烟总数。要求在进入监测点时进行记录,以后每隔 15 分钟记录一次,离开监测点时再记录一次。

场所内是否有禁烟标志及其数目,场所内禁烟政策情况等。

每天调查结束后将仪器中的数据导入到电脑中,每个场所的监测数据导出为一个文件,以对应的场所唯一编码命名该文件:城市、行政区划、场所类型(医院、学校、政府机构、疾控机构、公共交通工具、公共交通场所、餐厅、旅馆、酒吧、网吧、美容/美发室)等。

四、无烟场所管理者与控烟执法相关人员调查

(一) 目的

1. 了解无烟场所管理者对实施无烟环境立法的有关知识、态度等；

2. 了解控烟执法相关工作人员对控烟执法的态度等。

(二) 内容和方法

1. 无烟场所管理者

问卷调查。主要调查内容包括：无烟场所控烟情况，对吸烟及二手烟危害相关知识的了解情况、对公共场所无烟政策的态度、对控烟执法现况的认识等。调查问卷见附件四第五部分。

2. 控烟执法相关工作人员

个人访谈。主要访谈内容包括：无烟场所控烟情况，对吸烟及二手烟危害相关知识的了解情况、对公共场所无烟政策的态度、对控烟执法现况的认识等。访谈提纲见附件四第五部分。

(三) 实施

本次评估须完成对无烟场所管理者的问卷调查和控烟执法人员个人访谈。每个调查的无烟场所调查 1 名场所管理者；每个城市调查执法人员 10 人，访谈提纲参考中国疾病预防控制中心控烟办公室提供的提纲。

五、调查问卷

（一）禁烟场所调查问卷

编码：□□□□□□□□

观察场所名称：_____ 场所类型：□□

详细地址：_____

观察日期：_____年_____月_____日

观察时间：_____时_____分—_____时_____分

观察员：_____

第一部分：室外观察(仅对控烟条例中规定的特定室外禁烟区域检查)

1. 该场所是否是中小学校，或是为孕妇、儿童提供服务的公园、医疗福利机构？

                         ① 是　　　② 否

2. 该场所室外区域是否有禁烟标识或公告？　　① 是　　　② 否(跳至第 5 题)

3. 禁烟标识或公告是否符合要求(同时满足：① 有禁烟图标；② 有罚款数额；③ 有投诉电话)

                         ① 是　　　② 否

4. 禁烟标识或公告的外观和内容是否完整？　　① 是　　　② 否

5. 该场所室外区域是否有人吸烟？　　① 有　　　② 无(跳至第 7 题)

6. 是否有人对吸烟者进行劝阻？　　① 有　　　② 无

7. 该场所室外是否有烟草广告？　　① 是　　　② 否

8. 室外是否设置了指定吸烟点？　　① 是　　　② 否(跳至第 10 题)

9. 吸烟点是否符合以下要求？

吸烟点的设置情况	选项
9.1 设置明显的指引标识	① 是　② 否
9.2 远离人员密集区域和行人必经的主要通道	① 是　② 否
9.3 配置烟灰缸等盛放烟灰的器具并设置有吸烟有害健康的警示标识	① 是　② 否
9.4 符合消防安全要求	① 是　② 否

第二部分：室内观察（每个观察点 3 分钟，每个场所不少于 20 分钟）

观察内容	大厅	包厢	办公室	楼梯走廊	电梯	男厕所	其他区域
10. 是否张贴了禁烟标识	1. 是 2. 否 3. 无法进入 4. 不适用（无）	1. 是 2. 否 3. 无法进入 4. 不适用（无）	1. 是 2. 否 3. 无法进入 4. 不适用（无）	1. 是 2. 否 3. 无法进入 4. 不适用（无）	1. 是 2. 否 3. 无法进入 4. 不适用（无）	1. 是 2. 否 3. 无法进入 4. 不适用（无）	1. 是 2. 否 3. 无法进入 4. 不适用（无）
11. 禁烟标识是否合格（同时满足：①有禁烟图标;②有罚款数额;③有投诉电话）	1. 是 2. 否 3. 无法进入 4. 不适用（无）	1. 是 2. 否 3. 无法进入 4. 不适用（无）	1. 是 2. 否 3. 无法进入 4. 不适用（无）	1. 是 2. 否 3. 无法进入 4. 不适用（无）	1. 是 2. 否 3. 无法进入 4. 不适用（无）	1. 是 2. 否 3. 无法进入 4. 不适用（无）	1. 是 2. 否 3. 无法进入 4. 不适用（无）
12. 禁烟标识外观和内容是否完整	1. 是 2. 否 3. 无法进入 4. 不适用（无）	1. 是 2. 否 3. 无法进入 4. 不适用（无）	1. 是 2. 否 3. 无法进入 4. 不适用（无）	1. 是 2. 否 3. 无法进入 4. 不适用（无）	1. 是 2. 否 3. 无法进入 4. 不适用（无）	1. 是 2. 否 3. 无法进入 4. 不适用（无）	1. 是 2. 否 3. 无法进入 4. 不适用（无）
13. 是否有烟草广告	1. 是 2. 否 3. 无法进入 4. 不适用（无）	1. 是 2. 否 3. 无法进入 4. 不适用（无）	1. 是 2. 否 3. 无法进入 4. 不适用（无）	1. 是 2. 否 3. 无法进入 4. 不适用（无）	1. 是 2. 否 3. 无法进入 4. 不适用（无）	1. 是 2. 否 3. 无法进入 4. 不适用（无）	1. 是 2. 否 3. 无法进入 4. 不适用（无）
14. 是否有烟草销售	1. 是 2. 否 3. 无法进入 4. 不适用（无）	1. 是 2. 否 3. 无法进入 4. 不适用（无）	1. 是 2. 否 3. 无法进入 4. 不适用（无）	1. 是 2. 否 3. 无法进入 4. 不适用（无）	1. 是 2. 否 3. 无法进入 4. 不适用（无）	1. 是 2. 否 3. 无法进入 4. 不适用（无）	1. 是 2. 否 3. 无法进入 4. 不适用（无）

观察内容	大厅	包厢	办公室	楼梯走廊	电梯	男厕所	其他区域
15. 是否在售烟场所的明显位置设置吸烟有害健康和禁止向未成年人出售烟草制品的标识	1. 是 2. 否 3. 无法进入 4. 不适用(无)	1. 是 2. 否 3. 无法进入 4. 不适用(无)	1. 是 2. 否 3. 无法进入 4. 不适用(无)	1. 是 2. 否 3. 无法进入 4. 不适用(无)	1. 是 2. 否 3. 无法进入 4. 不适用(无)	1. 是 2. 否 3. 无法进入 4. 不适用(无)	1. 是 2. 否 3. 无法进入 4. 不适用(无)
16. 是否有烟灰缸或盛放烟灰烟蒂的物品	1. 是 2. 否 3. 无法进入 4. 不适用(无)	1. 是 2. 否 3. 无法进入 4. 不适用(无)	1. 是 2. 否 3. 无法进入 4. 不适用(无)	1. 是 2. 否 3. 无法进入 4. 不适用(无)	1. 是 2. 否 3. 无法进入 4. 不适用(无)	1. 是 2. 否 3. 无法进入 4. 不适用(无)	1. 是 2. 否 3. 无法进入 4. 不适用(无)
17. 是否有烟头、烟味	1. 是 2. 否 3. 无法进入 4. 不适用(无)	1. 是 2. 否 3. 无法进入 4. 不适用(无)	1. 是 2. 否 3. 无法进入 4. 不适用(无)	1. 是 2. 否 3. 无法进入 4. 不适用(无)	1. 是 2. 否 3. 无法进入 4. 不适用(无)	1. 是 2. 否 3. 无法进入 4. 不适用(无)	1. 是 2. 否 3. 无法进入 4. 不适用(无)
18. 是否有人吸烟	1. 是 2. 否 3. 无法进入 4. 不适用(无)	1. 是 2. 否 3. 无法进入 4. 不适用(无)	1. 是 2. 否 3. 无法进入 4. 不适用(无)	1. 是 2. 否 3. 无法进入 4. 不适用(无)	1. 是 2. 否 3. 无法进入 4. 不适用(无)	1. 是 2. 否 3. 无法进入 4. 不适用(无)	1. 是 2. 否 3. 无法进入 4. 不适用(无)
19. 吸烟人数/人							

观察内容	大厅	包厢	办公室	楼梯走廊	电梯	男厕所	其他区域
20. 是否有人劝阻吸烟者	1. 是 2. 否 3. 无法进入 4. 不适用(无)	1. 是 2. 否 3. 无法进入 4. 不适用(无)	1. 是 2. 否 3. 无法进入 4. 不适用(无)	1. 是 2. 否 3. 无法进入 4. 不适用(无)	1. 是 2. 否 3. 无法进入 4. 不适用(无)	1. 是 2. 否 3. 无法进入 4. 不适用(无)	1. 是 2. 否 3. 无法进入 4. 不适用(无)
21. 是否设立了指定吸烟点	1. 是 2. 否 3. 无法进入 4. 不适用(无)	1. 是 2. 否 3. 无法进入 4. 不适用(无)	1. 是 2. 否 3. 无法进入 4. 不适用(无)	1. 是 2. 否 3. 无法进入 4. 不适用(无)	1. 是 2. 否 3. 无法进入 4. 不适用(无)	1. 是 2. 否 3. 无法进入 4. 不适用(无)	1. 是 2. 否 3. 无法进入 4. 不适用(无)
22. 是否开设了戒烟门诊	1. 是 2. 否 3. 无法进入 4. 不适用(无)	1. 是 2. 否 3. 无法进入 4. 不适用(无)	1. 是 2. 否 3. 无法进入 4. 不适用(无)	1. 是 2. 否 3. 无法进入 4. 不适用(无)	1. 是 2. 否 3. 无法进入 4. 不适用(无)	1. 是 2. 否 3. 无法进入 4. 不适用(无)	1. 是 2. 否 3. 无法进入 4. 不适用(无)

注:是否开设了戒烟门诊仅针对医疗机构,包间针对餐饮类场所,场所每个观察点观察时间不少于3分钟,每个场所合计时间不少于20分钟,两层楼以上的场所至少观察两层楼。

质控员:_____

日期:_____年____月____日

（二）公交车及地铁调查问卷

类型：　　　　　　① 公交车　　　　② 地铁

公交线路：_____路　　　　地铁线路：_____号线

观察区间：_____站~_____站

观察日期：_____年_____月_____日

观察时间：_____时_____分—_____时_____分

观察员：_____

1. 车内是否有禁烟标识？　　　　　　　　　　① 是　　　② 否(跳至第 4 题)

2. 若有,是否合格？（同时满足:① 有禁烟图标;② 有罚款数额;③ 有投诉电话）

　　　　　　　　　　　　　　　　　　① 是　　　② 否

3. 禁烟标识外观和内容是否完整？　　　① 是　　　② 否

4. 车身/车内是否有烟草广告？　　　　　① 是　　　② 否

5. 车内是否有烟灰缸或盛放烟灰/烟蒂的物品？　① 是　　　② 否

6. 车内是否有烟头/烟味？　　　　　　　① 是　　　② 否

7. 司乘人员是否在车内吸烟？　　　　　① 是　　　② 否(跳至第 9 题)

8. 司乘人员吸烟是否有人劝阻？　　　　① 是　　　② 否

9. 乘客是否在车内吸烟？　　　　　　　① 是　　　② 否(结束问卷)

10. 乘客吸烟是否有人劝阻？　　　　　① 是　　　② 否

质控员：_____　　　　日期：_____年_____月_____日

（三）出租车调查问卷

出租车公司：_____

出租车牌：_____

观察日期：_____年_____月_____日

观察时间：_____时_____分—_____时_____分

观察员：_____

1. 车内是否有禁烟标识?　　　　　　　①是　　②否(跳至第4题)

2. 若有,是否合格?（同时满足①有禁烟图标;②有罚款数额;③有投诉电话）

　　　　　　　　　　　　　　　　　①是　　②否

3. 禁烟标识外观和内容是否完整?　　①是　　②否

4. 车身/车内是否有烟草广告?　　　　①是　　②否

5. 车内是否有烟头/烟味?　　　　　　①是　　②否

6. 车内是否有烟灰缸或盛放烟灰/烟蒂的物品?

　　　　　　　　　　　　　　　　　①是　　②否

7. 驾驶员是否在车内吸烟?　　　　　①是　　②否

8. 是否可以在车内吸烟?（询问驾驶员）　①是　　②否

9. 您公司是否有禁止在车内吸烟的规定?（询问驾驶员）

　　　　　　　　　　　　　　　　　①是　　②否

10. 您是否接受过公司有关控烟的培训?（询问驾驶员）

　　　　　　　　　　　　　　　　　①是　　②否

质控员：_____　　　日期：_____年_____月_____日

（四）禁烟场所负责人调查问卷

调查场所名称：_____

调查日期：_____年_____月_____日

调查员：_____

1. 您负责的场所室内是否全面禁止吸烟？
   ① 是　　　　　　　② 否　　　　　　　③ 不知道

2. 您负责的场所室外是否禁止吸烟？
   ① 是(跳至第 4 题)　② 否　　　　　　　③ 不知道

3. 您负责的场所室外是否设置有吸烟点？
   ① 是　　　　　　　② 否　　　　　　　③ 不知道

4. 您知道《控烟条例》对本场所有什么规定吗？
   ① 非常了解　　　　② 了解一点　　　　③ 不知道

5. 您知道场所如果未履行《控烟条例》相关规定,最高罚款额是多少吗？
   ① 不知道　　　　　② 知道_____

6. 您是否接受过控烟相关的培训？
   ① 有　　　　　　　② 没有　　　　　　③ 不知道

7. 您负责的场所的工作人员是否接受过控烟相关的培训？
   ① 有　　　　　　　② 没有　　　　　　③ 不知道

8. 您负责的场所是否有控烟管理的相关制度或规定？
   ① 有　　　　　　　② 没有　　　　　　③ 不知道

9. 您负责的场所是否有指定的控烟监督员？
   ① 有　　　　　　　② 没有　　　　　　③ 不知道

10. 您认为××××年您所在场所控烟效果怎样？
    ① 非常理想　　② 比较理想　　③ 一般　　④ 不理想

11. ××××年与前一年相比,您负责的场所的吸烟情况是？
    ① 明显增加　　　② 有所增加　　　③ 差不多
    ④ 有所减少　　　⑤ 明显减少

12. 如果场所内有人违法吸烟,您或工作人员是否会主动劝阻？
    ① 每次都会　　② 一般都会　　③ 看情况　　④ 不会

13. 如果违法吸烟者不听劝阻,您一般怎么处理？
    ① 拨打投诉电话　② 要求其离开　　③ 不再劝阻　　④ 其他_____

14. 您认为吸烟会导致肺癌吗？
    ① 会　　　　　　　② 不会　　　　　　③ 不知道

15. 您认为吸烟会导致中风(脑出血或脑栓塞)吗？
    ① 会　　　　　　　② 不会　　　　　　③ 不知道

16. 您认为吸烟会导致心肌梗死吗?
　　①会　　　　　　　　②不会　　　　　　　　③不知道

17. 您认为吸烟会导致性功能障碍吗?
　　①会　　　　　　　　②不会　　　　　　　　③不知道

18. 您认为低焦油卷烟与一般卷烟比?
　　①危害较小　　②危害差不多　　③危害更大　　④不知道

19. 您认为二手烟烟雾会导致成人肺部疾病吗?
　　①会　　　　　　　　②不会　　　　　　　　③不知道

20. 您认为二手烟烟雾会导致儿童肺部疾病吗?
　　①会　　　　　　　　②不会　　　　　　　　③不知道

21. 您认为二手烟烟雾会导致成人心脏疾病吗?
　　①会　　　　　　　　②不会　　　　　　　　③不知道

22. 您吸烟吗?
　　①从来不吸(跳至第24题)
　　②以前吸,现在不吸(跳至第24题)
　　③现在吸烟

23. 您现在一般在哪些场所吸烟? (最多选3项)
　　①家里　　　　　　　　②办公室　　　　　　　③厕所
　　④楼梯走廊　　　　　　⑤吸烟点　　　　　　　⑥室外其他区域

24. 您是否支持场所室内全面禁止吸烟?
　　①非常支持　　　　　　②不支持　　　　　　　③无所谓

25. 您认为室内禁止吸烟对您负责的场所的影响是?
　　①有益　　　　　　　　②无益　　　　　　　　③无影响

26. 您对本市控烟有什么看法或建议?

_____

_____

_____

27. 您的性别:① 男　② 女

28. 您的年龄:_____岁

29. 您的职业:
　　①政府/事业单位工作人员　　　　②医务人员
　　③企业,商业,服务业工作人员　　④无业
　　⑤退休　　　　　　　　　　　　⑥其他

30. 您的文化程度:
　　①初中及以下　　②高中或中专　　③大专或本科　　④研究生及以上

　　　　　　质控员:_____　　日期:_____年_____月_____日

（五）公众调查问卷

调查场所名称：

调查日期：_____年_____月_____日

调查员：_____

1. 您是否知道本市有控烟的条例或法规？

　① 知道　　　　　　　　② 不知道（跳至第 6 题）

2. 本市的控烟条例规定哪些场所禁止吸烟？

　① 室内公共场所　　　② 室内工作场所　　　③ 公用交通工具

　④ 部分室外公共区域　⑤ 以上都是　　　　　⑥ 不知道

3. 本市的控烟条例针对个人违法吸烟行为的处罚金额最低是多少？

　① 20 元　　　② 50 元　　　③ 100 元　　　④ 500 元　　　⑤ 不知道

4. 本市的控烟条例针对个人违法吸烟行为的处罚金额最高是多少？

　① 100 元　　　② 200 元　　　③ 500 元　　　④ 1 000 元　　　⑤ 不知道

5. 全市统一的控烟举报投诉电话是多少？

　① 12345　　　② 12315　　　③ 12320　　　④ 110　　　⑤ 不知道

6. 您认为吸烟会导致肺癌吗？

　① 会　　　　　　　　② 不会　　　　　　　　③ 不知道

7. 您认为吸烟会导致中风（脑出血或脑栓塞）吗？

　① 会　　　　　　　　② 不会　　　　　　　　③ 不知道

8. 您认为吸烟会导致心肌梗死吗？

　① 会　　　　　　　　② 不会　　　　　　　　③ 不知道

9. 您认为吸烟会导致性功能障碍吗？

　① 会　　　　　　　　② 不会　　　　　　　　③ 不知道

10. 您认为低焦油卷烟与一般卷烟相比

　① 危害较小　　　② 危害差不多　　　③ 危害更大　　　④ 不知道

11. 您认为二手烟烟雾会导致成人肺部疾病吗？

　① 会　　　　　　　　② 不会　　　　　　　　③ 不知道

12. 您认为二手烟烟雾会导致儿童肺部疾病吗？

　① 会　　　　　　　　② 不会　　　　　　　　③ 不知道

13. 您认为二手烟烟雾会导致成人心脏疾病吗？

　① 会　　　　　　　　② 不会　　　　　　　　③ 不知道

14. 您吸烟吗？

　① 从来不吸（跳至第 17 题）　　　② 以前吸，现在不吸（跳至第 17 题）

　③ 现在吸烟

15. 您现在一般在哪些地方吸烟？（最多选 3 项）

　① 家里　　　　　　　② 办公室　　　　　　　③ 厕所

　④ 楼梯走廊　　　　　⑤ 吸烟点　　　　　　　⑥ 室外其他区域

16.《控烟条例》实施后,您的吸烟行为变化情况是?

　　① 没有变化　　② 吸烟量有所减少　　③ 吸烟量大大减少　　④ 正尝试戒烟

17. 您现在主要会在哪些地方吸入二手烟?（最多选 3 项）

　　① 家里　　② 办公室　　③ 厕所　　④ 楼梯走廊　　⑤ 室外

18. 您支持在公共场所全面禁烟吗?

　　① 非常支持　　② 比较支持　　③ 无所谓　　④ 不支持

19. 如果看到有人违法吸烟,您是否会主动进行劝阻?

　　① 会　　② 不会　　③ 看情况

20. 与条例实施前相比,您认为××××年本市公共场所的吸烟情况是?

　　① 明显增加　　② 有所增加　　③ 差不多　　④ 有所减少　　⑤ 明显减少

21. 您认为本市控烟效果如何?

　　① 非常理想　　② 比较理想　　③ 一般　　④ 不理想

22. 您认为哪几类禁烟场所控烟成效最好?（最多选 5 项）

① 医疗机构	② 学校	③ 文化体育场所
④ 公园景点	⑤ 批发/零售点	⑥ 政府部门
⑦ 金融/邮政/通信机构	⑧ 公共交通场所	⑨ 企业/社会团体
⑩ 宾馆/酒店	⑪ 餐饮	⑫ 网吧/游戏厅

23. 您认为哪几类禁烟场所控烟成效最不理想?（最多选 5 项）

① 医疗机构	② 学校	③ 文化体育场所
④ 公园景点	⑤ 批发/零售点	⑥ 政府部门
⑦ 金融/邮政/通信机构	⑧ 公共交通场所	⑨ 企业/社会团体
⑩ 宾馆/酒店	⑪ 餐饮	⑫ 网吧/游戏厅

24. 您对本市控烟工作有什么看法或建议?

　　_____

　　_____

　　_____

25. 您的性别:　① 男　② 女

26. 您的年龄:_____岁

27. 您的职业:

① 政府/事业单位工作人员	② 医务人员
③ 企业/商业/服务业工作人员	④ 无业
⑤ 退休	⑥ 其他

28. 您的文化程度:

　　① 初中及以下　　② 高中或中专　　③ 大专或本科　　④ 研究生及以上

　　　　质控员:_____　　日期:_____年_____月_____日

（六）PM$_{2.5}$采样记录表

调查员签名_____质控员签名_____

编码□□□□□□ 场所名称_____

场所类型□□

采样点(填写具体位置如大厅):_____

场所地址:_____

1. 检测日期□□□□年□□月□□日　星期几:_____

2. 打开仪器时间(24小时制)□□时□□分

3. 进入检测点时间(24小时制)□□时□□分

4. 检测时天气情况　①晴天　②阴天　③雨天

5. 检测场所长度_____米　宽度_____米　高度_____米

6. 1公里内有无干道 ①无 ②有

7. 1公里内有无工地 ①无 ②有

8. 该检测点是否有禁烟标志? ①否 ②是

9. 该场所的禁烟政策是:

①完全禁烟 ⟹ 9a1. 该场所是否看到有人吸烟?

A. 否　　B. 是

⟹ 9a2. 是否有人劝阻?

A. 否　　B. 是

②部分禁烟 ⟹ 9b1. 吸烟区与非吸烟区是否完全隔开?

A. 否　　B. 是

9b2. 吸烟区是否使用通风设备(如空调)

A. 否　　B. 是　　C. 没有该设备

9b3. 非吸烟区是否可以看到烟灰缸?

A. 否　　B. 是

9b4. 非吸烟区是否有人吸烟?

A. 否　　B. 是

⟹ 9b5. 是否有人劝阻?

A. 否　　B. 是

③不禁烟

10. 该检测点有无燃熏香? ①有 ②没有

11. 如果是餐馆请填写:厨房与餐厅是否隔离? ①否 ②是

　　注意:在进入和离开检测点时,分别记录室内总人数、正在吸烟人数;中间每15分钟记录一次;更换地点时,应在外环境中停留5分钟以上。

被检测点不同时刻的室内人数和吸烟人数?

记录时间	室内人数（个）	正在吸烟人数（个）

仪器关闭时间＿＿＿＿＿＿＿＿　　　离开检测点时间＿＿＿＿＿＿＿＿

调查员＿＿＿＿＿＿＿＿

（七）控烟执法工作人员访谈提纲

编码□□□□□□□　　　　　单位/机构名称：

开始时间：　　　　　　　　　结束时间：

访谈人员：　　　　　　　　　访谈对象信息：

1. 谈谈控烟执法工作的亮点和难点？

2. 作为一名执法人员，控烟执法工作大约占用你工作时间的比例？

3. 你认为做好控烟执法工作最重要的是态度还是执法技巧？有何建议？

4. 如何评价本市控烟条例？有何修改建议？

5. 对于简化场所控烟执法程序等有何建议？

6. 对禁烟场所违规吸烟行为如何调查取证？如何判定个人违规吸烟行为？

7. 对禁烟场所违规吸烟而不配合（或拒绝）接受处罚的个人如何处理？

8. 对有效开展控烟执法工作的建议？

（八）城市控烟执法信息收集

1. 城市控烟立法的基本情况

城市	法规/规章名称	生效时间及修订时间	性质	适用范围	禁烟范围	
					全面禁烟场所	豁免/限制吸烟场所

2. 城市控烟执法协调机制

（1）本市控烟执法的协调机构为？

（2）协调机构的工作流程？

（3）对控烟执法是否有约束和指导机制，如问责机制等？

（4）目前本市控烟协调机制是否存在不足？

（以上问题如有文件请提供）

3. 城市控烟执法制度

（1）执法部门如何开展控烟执法工作？如有文件请提供。

（2）对违法吸烟个人和场所如何处罚？如有文件请提供。

（3）对控烟执法的频次、巡查数量、处罚个数和金额等是否有指标规定？（如有文件请提供）。

4. ××××年控烟及控烟执法经费投入情况？

5. ××××年城市执法人员数量

执法模式	主要执法部门	该部门总人数	直接参与执法人数

6. ××××年城市执法情况

检查户/人数	警告、责令整改户/人数	场所		个人	
		案例数	金额/元	案例数	金额/元

7. 城市投诉举报电话设置以及举报情况

×××年城市投诉举报电话设置和举报投诉情况						
城市	投诉举报电话	控烟相关服务	控烟知识咨询	控烟政策咨询	控烟投诉举报	其他控烟投诉举报平台

8. ×××年人大对控烟执法的指导情况,参与了哪些活动? 对于控烟执法是否有文件发布?

9. ×××年本市控烟志愿者队伍建设情况? 包括志愿者组织建设情况,志愿者的数量? 赋予志愿者的任务? 对志愿者做了哪些工作(包括培训等)?

10. 为了更有效地开展控烟执法工作,您认为本市的控烟法规及有关文件等需要做哪些修改?

11. 请提供 1~2 例控烟执法的典型案例。

六、立法城市无烟场所空气尼古丁浓度调查

(一) 目的

通过对城市部分无烟场所内空气尼古丁浓度检测,评估其无烟法规的实施效果。

(二) 内容和方法

尼古丁是二手烟草烟雾最有效的标志化合物,符合美国国家研究委员会提出的作为环境烟草烟雾标志物的标准,其具有以下特点:①其他来源很少,环境烟草烟雾几乎是其唯一来源;②可以精确检测;③在各种烟草产品中的释放率相似;④在一定的环境条件下,与环境烟草烟雾其他组分的比值相对恒定。因此环境空气中尼古丁浓度可以定量评价场所内二手烟草烟雾暴露情况与程度。通过选取控烟立法城市部分无烟场所进

行空气中尼古丁浓度检测,以定量评价该类场所执行无烟法律法规的情况,评估执法效果。本次调查采用悬挂式被动尼古丁采样器采集部分城市部分无烟场所空气样本,检测其尼古丁含量。

(三) 调查数量

1. 抽样原则与方法

考虑目前各类场所中,餐厅和政府机关二手烟暴露情况尤为特殊,是媒体与公众关注的控烟热点。调查可以选定公众比较关注的部分餐饮场所和政府机关办公大楼进行检测,也可以根据城市实际情况,选取公共场所作为空气中尼古丁浓度的检测场所。

2. 场所类型、数量

本次仅对政府机关、餐厅两类场所进行空气采样,检测尼古丁浓度。其中,政府机关选择 10 座主要办公建筑物(办公大楼)作为采样场所,在市级和区级党政机关(政府、市委、区委、政协、人大以及各委办局)中选择场所并设置采样点,采样点设置 3 个,分别为办公区、楼梯间和男卫生间,其中办公区可以为办公室、办公大厅或会议室。餐厅按营业面积分大餐厅与小餐厅两类,分别进行采样,其中大餐厅选择 30 家,每家设置 4 个采样点(大厅 2 个、包房 1 个、男卫生间 1 个),小餐厅选择 30 家,每家设置 2 个采样点(大厅 1 个、男卫生间 1 个)。也可以根据城市大小和经费预算情况增加检测场所种类和数量,详见附表 4-3。

附表 4-3　空气采样器的放置位置、数量

场所	位置	场所数量/个	每个场所布点数量	采样点小计/个
政府机关	办公区、楼梯间、男卫生间	10	3 个	30
大餐厅	用餐区域大厅、包房和男卫生间	30	4 个(大厅 2 个、包房 1 个、卫生间 1 个)	120
小餐厅	用餐区域大厅和男卫生间	30	2 个(大厅 1 个、卫生间 1 个)	60
合计		70		210

注:大餐厅是指营业面积在 150m^2 及以上,小餐厅是指营业面积在 150m^2 以下。

(四)时间进度安排

具体安排如下。

1. 前期筹备(××××年××月××日—××××年××月××日)

(1)开展培训

(2)各城市筹备现场工作

2. 调查实施(××××年××月××日—××××年××月××日)

(1)现场布样与样本收集

(2)现场督导和质控

3. 数据提交及报告撰写(××××年××月××日—××××年××月××日)

(1)样本检测与数据提交

(2)撰写评估报告

(五)空气尼古丁被动采样现场工作手册

1. 材料清单

(1)空气尼古丁采样器

(2) 标签

(3) 采样表

(4) 绳子或者胶带

(5) 剪刀

(6) 卷尺

(7) 板凳或梯子

2. 现场调查流程

一座大楼中被动式尼古丁监测数据收集时间见附图 4-1。

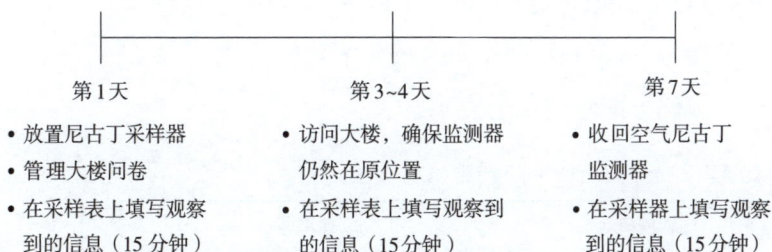

第1天	第3~4天	第7天
• 放置尼古丁采样器 • 管理大楼问卷 • 在采样表上填写观察到的信息（15分钟）	• 访问大楼，确保监测器仍然在原位置 • 在采样表上填写观察到的信息（15分钟）	• 收回空气尼古丁监测器 • 在采样器上填写观察到的信息（15分钟）

附图 4-1　一座大楼中被动式尼古丁监测数据收集时间

（1）大楼采样流程以及联系大楼负责人:确认准备实施调查的场所后,有必要书面通知该场所的负责人,介绍该项工作的目的、简要内容及期望获得的协助和相关注意事项,获得在调查地点开展设置采样点的许可。获得许可之后,需要与场所管理者或其他合适的人员预约时间进行会面。

（2）获取和储存新空气采样器:空气采样器壳体、滤膜和铝箔袋直接寄送到合作机构。

在现场采样前,按照《环境空气中尼古丁被动式采样器采样技术规范》进行滤膜的处理及采样器的安装,制备好的采样器必须保存在室温下的无烟环境中。

（3）空气监测表和采样表编码：需要对所有样品收集中使用到的现场调查材料进行系统的编码，包括空气采样器、调查问卷及采样表。这种编码将确保所有的地点都有唯一的标识，便于追踪和数据分析。每个空气采样器将被分配到在实验室产生的4位数字的唯一编码（即样品编码）（在采样器的侧面标签上）。现场协调员/主管将给每个访谈者或现场调查员一个唯一的ID号，该编号将使用在所有收集表中。协调员/主管将保留一份每个城市中被调查场所的总清单，并且给每座大楼都分配一个唯一的编号，保留在项目活页夹的总清单中。

编码分配示例见附表4-4。

附表4-4　编码分配表

城市编码	使用城市区号	
大楼类型	餐厅	R1~R5
布点编号	餐厅大堂	01
	餐厅包间	02
	餐厅卫生间	03
被调查人员编号	餐厅现场工作人员	V1~V20
	餐厅来访者	V1~V10
调查员编码	从01至××	

（4）空气采样器、袋子以及采样表标签：所有的研究材料，包括空气采样器、袋子和样品表，都应当按照各自唯一的编码贴上标签。现场协调员/主管将在每个表格上填写位置，以告知现场调查员去哪个大楼调查。现场调查员必须在标签上加上样本编号以保证采样表与放置的地点吻合。采样器的袋子（铝箔袋）

也需要编码,以便追踪使用过和未使用过的采样器。实验室的4位编码以及调查员 ID 号也必须写入对应每个空气采样器的场所信息采样表中。在进入每个大楼进行调查之前,准备好所有现场材料的标签非常有用,有助于更快地完成现场调查。

空气采样器和采样表的标签示例如下。

城市	场所类型	场所区域	布点编码	样品编码
区号	××	××	××	××××

(5) 采样器位置:当准备好开始研究之后,为每个空气采样器选择一个场所,将其放置到位,并且完成采样表中空气采样器的位置信息。空气采样器的放置地点必须能够代表想要监测的地点(附表 4-5)。

附表 4-5　空气采样器的放置数量、场所数量及采样时间

场所	位置	布点数量	平行样品/个	空白样品/个	场所数量/个	合计/个
政府机关	办公区、楼梯间、卫生间	3个	4	2	10	36
大餐厅	用餐区域大厅、包房和卫生间	4个(大厅2个、包房1个、卫生间1个)	10	2	30	132
小餐厅	用餐区域大厅和卫生间	2个(大厅1个、卫生间1个)	10	2	30	72
合计		9个	24	6	70	240

注:1. 大餐厅指营业面积在 150m² 及以上,小餐厅指营业面积在 150m² 以下。
2. 采样时间:一周。

以下指导意见用于房间中采样器放置。

1）采样器悬挂在空中,距离地面 1~2 米处。

2）采样器悬挂点距离开放窗口或通风系统至少 1 米远。

3）采样器悬挂距一个潜在经常吸烟者 1 米远。

4）不要将采样器悬挂在空气不流通的地方(即"死点"),如角落、架子下面或窗帘上。

5）确保采样器不放置在太显眼或者很容易触碰的位置,避免有人乱动。

6）推荐位置包括:房梁、钉子、植物或者灯具附近。

将采样器放置的位置准确记录在调查问卷背面的采样表上非常重要。需要用类似附图 4-2 形式的草图画出选定的位置,使用图例中的形状,必须在图中标明门窗的位置。

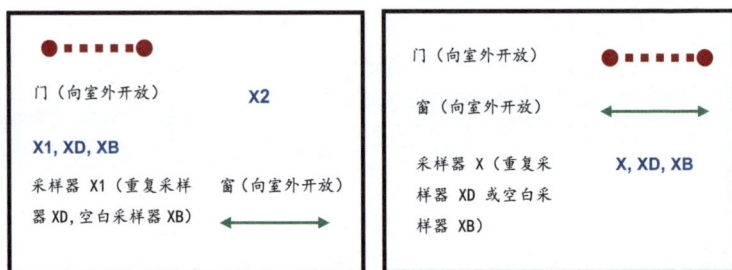

注意:如果有指定的吸烟区,将监测器放置在吸烟区内。例如餐厅中分配了 2 台监测器,将两台分别放置在吸烟区和非吸烟区。

附图 4-2　采样器放置图

需要测定被检测的房间大小,包括对每个房间宽度、长度和高度的估计。这些测量的目的不是为了得到精确的值,只是提供对正在测量的房间容积估计值。使用卷尺测量是测定房屋面积最好、最简单的方式。没有必要精确到或者调整到 1 厘米级。如果没有卷尺,可通过脚步数来估算。因此,每个将要估算测量值的现场调查员,都应当知道自己臂展或者跨步的长度,以及伸直手臂后从地面到手指的高度。

房间的长度和宽度可以通过将现场调查员平均步长/m 乘以步数的方法来计算。例如,如果一个现场调查员的步长为 0.80m,若干步是房间的宽度和长度,分别为 10 步和 25 步,则房间宽度是:$10 \times 0.80m=8m$,长度是:$25 \times 0.80m=20m$。

房间的高度也可以是近似值。站在墙边向上伸展手臂并且估计手指指尖与天花板之间的距离。例如,如果现场调查员的手臂向上伸展的高度 2.10m,指尖到天花板的距离是这个高度的 1/4,那么房间的高度为 $2.10m+(2.10m \times 0.25)=2.10m+0.525m=2.625m$。

(6) 采样器安装

1) 打开保存采样器的铝箔袋,核查编号是否与放置采样器的地点一致。

2) 取出采样器,确定采样器结构完整。

3) 在选定的地点悬挂空气采样器,采样器的正面(有孔的面)必须朝向待检测的房间。

4) 可使用采样器上的夹子悬挂采样器,但必须确保采样器被牢固固定。如果担心没有固定住,可使用胶带加固。

5) 采样表上注明放置采样器的时间。

6) 采样器放在待检测的场所,然后在 5~7 天内回收。

(7) 平行样品采样器:大约有 10% 的采样器为平行样采样器,也就是大概 10 个正常样采样器就需要配备一个平行样采样器。将平行样采样器摆放在正常样采样器旁边,二者摆放的操作步骤相同,也需要在已经分配的一般空气检测器的采样表上填写平行样采样器的信息。

(8)空白样采样器:大约10%的采样器应当作为空白样采样器,也就是每10个正常样采样器就需要配备一个空白样采样器。在放置好正常样采样器和重复样空气采样器之后,拿出空白样采样器,在2~4秒后,重新将其放回铝箔袋中,并随身携带它至无烟的室温环境下,在采样器寄送回之前采样器应当妥善存放。在所有样品收集结束之后,空白样采样器也将和其他采样器一同将铝箔袋热压后寄送以供分析。不要将空白样采样器遗留在被监测的大楼中。空白样采样器对于分析非常重要,空气中尼古丁的水平需要用空白样中尼古丁的水平进行校正。

重复样和空白样采样器必须有相同的场地编码(国家-城市-大楼类型-大楼编码),唯一不同的编号就是实验室给采样器分配的唯一编码。建议在安放采样器之前先选择好空白样和重复样的大楼,以便提前准备编码和必要的材料。

(9)访问大楼:在7天的监测期内计划访问大楼1次。在样品收集表上标明门窗的状态(开或者关)以及空气采样器的位置。记录下房间中居住者的估计数和在15分钟内观察到的吸烟者数。在完成调查之后保留原始采样表,并且将复印件发送到中国疾病预防控制中心控烟办公室。

(10)回收采样器:在监测结束之后,尽快将采样器送回实验室,将铝箔袋热压后,放入干燥器中保存,如条件允许,应尽快分析。放置在密封铝箔袋中的采样器在室温条件下可保存一周。

（11）采样器的存放和寄送：采样器必须保存在室温的无烟环境中，如须寄送可以通过邮件寄送给中国疾病预防控制中心或派人送达。必须有专人负责将采样器储存在一个安全的地方，分发给现场调查员（保持追踪代码），在本次调查结束之后收集这些采样器，收集完成之后及时将这些采样器寄送回实验室。

所有大楼问卷和采样表都须复印一份寄送到中国疾病预防控制中心控烟办公室。所有采样器的表格都应当储存在透明塑料保护片中。

3. 空气检测采样表

尼古丁检测	将印刷的编码标签贴在此处	
放置日期： ———／—／—— 年　月　日 **时间：**——：——(24h) **调查员编码：**——	**编码：** ———／—／—／——／——— 城市区号　场所类型　场所区域　布点编码　样品编码	
	是否有平行监测器 □是 1　□否 2 如果是，重复空气监测编码： ———— 样品编码：————	**是否有空白监测器** □是 1　□否 2 如果是，空白监测编码： ———— 样品编码：————
访问日期： ———／—／—— 年　月　日 **时间：**——：——(24h) **调查员编码：**——	**地点名称：**＿＿＿＿＿＿＿＿＿＿＿＿＿＿＿	
	监测布局	
	政府	**餐厅**
	□办公区 □楼梯间 □男卫生间	□餐厅大堂(大餐厅 2 处) □包厢(大餐厅) □男卫生间

监测审核		
条目	访问日期	移除日期
1. 采样器放置在正确的地点?	☐是 1 ☐否 2	☐是 1 ☐否 2
2. 如果采样器不在正确位置,您能够找到它吗?	☐是 1 ☐否 2	☐是 1 ☐否 2
3. 如果能够找到,请注明采样器在哪里,以及您是否将其 放回?		

重复样采样器(如果适用)		
条目	访问日期	移除日期
4. 重复样采样器是否放置在正确的位置?	☐是 1 ☐否 2	☐是 1 ☐否 2
5. 如果不在正确位置,您是否能找到?	☐是 1 ☐否 2	☐是 1 ☐否 2
6. 如果能够找到,请注明双重采样器放置的位置以及您是 否将其放回。		

房间审核			
	放置时间	访问日期	移除日期
7. 对外开放的门是否是打开着的?	☐是 1 ☐否 2	☐是 1 ☐否 2	☐是 1 ☐否 2
8. 对外开放的窗户是否都打开了?	☐是 1 ☐否 2	☐是 1 ☐否 2	☐是 1 ☐否 2
9. 在采样过程中机械通风或者空调是否 运行?*	☐是 1 ☐否 2 ☐不知道 7	☐是 1 ☐否 2 ☐不知道 7	☐是 1 ☐否 2 ☐不知道 7
10. 这一天的活动是否正常?	☐是 1 ☐否 2	☐是 1 ☐否 2	☐是 1 ☐否 2

注:* 如果没有机械通风,则都选择"否"。

房间的观察(观察 15 分钟)

	放置时间	访问日期	移除日期
11. 人数	————	————	————
12. 吸烟的人数	————	————	————
13. 是否闻到烟味?	□是 1	□是 1	□是 1
	□否 2	□否 2	□否 2
14. 在地上是否有烟头?	□是 1	□是 1	□是 1
	□否 2	□否 2	□否 2

15. 房屋尺寸： 长_____m 宽_____m 高_____m 体积_____m³

16. 向室外开放的门的数量:_____

17. 大多数向室外开放的门是： □空心或者一直开放 1 □布,竹条,其他软性材料 2

□木材,玻璃,其他硬性材料 3 □没有向室外开放的门 4

18. 向室外开放的窗户数:_____

19. 大多数向室外开放的窗户是： □空心或者一直开放 1 □布,竹条,其他软性材料 2

□木材,玻璃,其他硬性材料 3 □没有向室外开放的门 4

20. 在房间内是否有禁止吸烟的标志 □是 1 □否 2→调查结束

21. 如果有禁止吸烟的标识： □适用于整个房间 1 □适用于部分房间 2